Jutta Weber-Bock
Autobiografisches Schreiben

Lebensgeschichten schreiben? –
Vom Ende zum Anfang!

AF239173

Schreibratgeber Libelle

Blitzschnell huscht eine Idee durch unseren Kopf. Libellen helfen, sie zu fangen, und schenken Ihnen eine Rundumsicht. Wer könnte das besser als sie, es gibt sie seit 300 Millionen Jahren. Erfahren Sie das Glück im Schreiben, pfeilschnell wie die Libellen im Flug. Finden Sie neue Wege zur Kreativität. Wagen Sie es und schaffen Sie sich Freiräume. Schreiben Sie.

Über dieses Buch

Die Serie "Autobiografisches Schreiben" umfasst drei Teile. Ziel ist es, etwas so aufzuschreiben, dass es auch andere erreicht. Im ersten Band erhalten Sie zahlreiche Tipps, wie Sie Zeit für das Schreiben finden und die Kreativität anregen. Dieser zweite Band widmet sich mit 44 Schreibimpulsen dem Thema „Lebensgeschichten schreiben? – Vom Ende zum Anfang!" Machen Sie sich den Stoff Ihrer Autobiografie bewusst und gestalten Sie Ihre Geschichten vom Ende zum Anfang. Die Wahrheit liegt in der Mitte.

Über die Autorin

Jutta Weber-Bock, Schriftstellerin und Schreibcoach seit über 30 Jahren; Lehraufträge an der Universität Stuttgart und der Hochschule für Medien Stuttgart; mit einer Liebe nach Stuttgart gekommen und aus Liebe zur Stadt geblieben.
2006 erschien ihr Handbuch „Autobiographisches Schreiben", das sie nun überarbeitet und erweitert hat.

Jutta Weber-Bock

Autobiografisches Schreiben

Band 2

Lebensgeschichten schreiben? – Vom Ende zum Anfang!

44 SCHREIB IMPULSE

edition heusteig

Ergänzte und überarbeitete Auflage des Buches Autobiographisches Schreiben, Ein Handbuch für Schreibende und Kursleitende, Waldburg, 2006.

Bibliografische Information der Deutschen Nationalbibliothek: Die Deutsche Nationalbibliothek verzeichnet diese Publikation in der Deutschen Nationalbibliografie; detaillierte bibliografische Daten sind im Internet über https://dnb.dnb.de abrufbar.

Die automatische Analyse des Werks, um daraus Informationen insbesondere über Muster, Trends und Korrelationen gemäß §44b UrhG („Text und Data Mining") zu gewinnen, ist untersagt.

Für die Inhalte der im Buch genannten Internetlinks, deren Verknüpfungen zu anderen Internetangeboten und Änderungen der Internetadressen kann keine Verantwortung übernommen werden. Die Autorin macht sich diese Inhalte nicht zu eigen. Ein Anspruch auf Nennung besteht nicht.

Titel-Grafik: Wolfgang Haenle nach einem eigenen Foto

Verlag: BoD · Books on Demand GmbH, In de Tarpen 42, 22848 Norderstedt

Druck: Libri Plureos GmbH, Friedensallee 273, 22763 Hamburg

ISBN 978-3-7597-1530-2

Inhaltsverzeichnis

Vorwort

Die *Schreibratgeber Libelle*, von denen Sie den zweiten in den Händen halten, bieten ein breites Spektrum. Finden Sie Ihr Herzensthema und folgen Sie ihm. Das Schreiben wird Sie reich beschenken.

Seit vielen Jahren geistern noch weitere Ratgeber durch meinen Kopf. Themen wie „Reisen und Schreiben", „Kreatives Schreiben" oder „Gedichte schreiben" treiben mich persönlich um und fließen ins Schreiben und in Kursthemen ein.

Ich habe mit Tipps zum Thema „Autobiografisches Schreiben" begonnen, da für mich selbst am Anfang der Wunsch stand, Geschichten aus dem eigenen Leben zu erzählen. Diese Serie umfasst drei Teile und verfolgt das Ziel, auch andere mit dem Schreiben zu erreichen.

Im ersten Band „Schreiben im Alltag? – Zeit finden!" erhalten Sie zahlreiche Impulse, Zeit für das Schreiben zu finden und die Kreativität anzuregen.

In diesem zweiten Band zeige ich Ihnen, wie Sie sich den Stoff Ihrer Autobiografie bewusst machen. Gestalten Sie Ihre Geschichten vom Ende zum Anfang. Die Wahrheit liegt in der Mitte und huscht plötzlich durch unseren Kopf. Blitzschnell wie eine Libelle.

Libellen helfen nicht nur, Ideen zu fangen, sondern schenken Ihnen auch eine Rundumsicht. Wer könnte das besser als sie, es gibt sie seit 300 Millionen Jahren. So wurden sie zum Symbol für meine *Schreibratgeber Libelle*. Erfahren Sie das Glück im Schreiben, pfeilschnell wie die Libellen im Flug.

Das Schreiben ist für mich wie für Karl Krolow[1] eine jagende Libelle, die im Sommer plötzlich auf der unbewegten Luft ruht. Für Bruchteile von Sekunden steht die heiße Landschaft still. Und genauso verharrt das Schreiben, bis es wie eine Libelle durch die Luft davonjagt und ich ihm nur mit den Fingerspitzen auf der Tastatur folgen kann. Eine Melodie, bei der mir keine Zeit zum Nachdenken bleibt, trägt mich davon.

Nutzen Sie meine Expertise und schöpfen Sie aus den Schreibimpulsen in diesem zweiten Band. Die Themen sind wieder modular aufgebaut. Sie können auch direkt in ein Kapitel einsteigen. Lassen Sie sich inspirieren von den Beispielen und Zitaten und lesen Sie nach in den Quellen. Genießen Sie abends auf dem Sofa die Lesetipps und schmökern Sie.

Jeder und jede von uns hat ihre eigene kleine Kompetenz. Machen Sie sich bewusst, welch Schatz in Ihnen steckt. Seien Sie stets konkret beim Schreiben, denn so werden Ihre Texte auch für andere sinnlich erfahrbar.

Erlauben Sie sich ein wenig Unmäßigkeit. Essen Sie sich satt an den handwerklichen Grundlagen des Schreibens. Erst wenn sich die Larve einer Libelle dick und rund gefuttert hat, kann sie schlüpfen.

Machen auch Sie sich für den Moment keine Gedanken um Ihre schlanke Linke.

---

1   Nach Karl Krolow, Libelle, in: Karl Krolow, Gesammelte Gedichte, Band 4, Frankfurt a. M., 1997, Seite 137/138.

Sehr schön wird dieser Prozess in dem Naturmärchen „Die Libelle und die Seerose"[2] beschrieben. Das Abstreifen der alten Haut ist zunächst mit Schmerzen verbunden. Danach aber ist das Leben umso freier und leichter.

Sie werden es wie eine Libellenlarve wissen, wann Sie genug gegessen haben und es Zeit ist, neuen Wegen zu folgen. Erheben Sie sich mit dem Schreiben in die Luft und fliegen Sie.

Jean Paul Sartre sagt in seiner Autobiografie[3] „Durch Schreiben wurde ich geboren." Er fühlte sich schon als Kind zum Schreiben hingezogen und hat den Bildern aus seinem Kopf in Geschichten eine Wirklichkeit verliehen. Machen Sie sich seinen Satz zu eigen und seien Sie gespannt, auf welche Pfade ich Sie führe.

---

2 Nach Carl Ewald, Die Libelle und die Seerose, in: Die Libelle und die Seerose, Naturmärchen von Carl Ewald, herausgegeben von Jack Zipes, Frankfurt a. M., 1983, Seite 40 ff.

3 Jean-Paul Sartre, Die Wörter, Reinbek bei Hamburg, 1965, Seite 116.

Einleitung: Lebensgeschichten schreiben? –
Vom Ende zum Anfang!

Denken Sie nicht lange darüber nach, sondern beginnen Sie mit dem Schreiben. Schöpfen Sie aus dem Stoff des Lebens und Ihren Erinnerungen.

In diesem Band stelle ich in fünf Kapiteln 44 Schreibimpulse vor, die Ihnen Grundlagen im Schreiben vermitteln. Es ist ganz einfach, probieren Sie es aus. Für Paul Nizon ist das Schreiben „matière, die ich schreibend befestigen muß, damit etwas stehe, auf dem ich stehen kann."[4]

Sammeln Sie zunächst das **Strandgut**, das Ihr Leben im Laufe der Jahre angeschwemmt hat. Rufen Sie sich die Muster Ihrer Kindheit ins Gedächtnis. Lernen Sie, wie Sie Ideen und ihre Schauplätze gestalten können.

Zu wissen, was andere fühlen und denken ist die Grundlage des Lebens. Entwickeln Sie beim Schreiben **Empathie**. Dies gilt vor allem für Personen, gegen die Sie eine Abneigung hegen. Denken Sie zunächst an das Ende einer Geschichte und machen Sie sich die Konflikte bewusst, um die es gehen soll.

Die Menschen aus Ihrem Leben sollten Sie verfremden. Scheuen Sie sich nicht, zu **Säge, Hobel und Feile** zu greifen, bis Sie Figuren in der Hand halten. Wenn Sie diese mischen, wie die Karten in einem Kartenspiel, werden Personen daraus. Erschaffen Sie Charaktere, ob aus Ton oder aus Stein. Seien Sie Kind und Bildhauer zu-

---

4 Paul Nizon, Am Schreiben gehen, Frankfurter Vorlesungen, Frankfurt a. M., 1985, Seite 37.

gleich. Fertigen Sie einen Scherenschnitt an. Geben Sie ihm Ohren und Nase, Hände und eine Zunge. Das Sehen lernt er von selbst.

Personen brauchen aber auch Schauplätze und Konflikte. Nur zusammen sind sie stark. Ich habe sie die **drei Muskeltiere** genannt und bin sicher, dass Sie künftig nicht mehr ohne dieses Trio sein können. Die drei schwören Ihnen ewige Treue und enttäuschen Sie nicht. Wählen Sie die **Lebensphasen** aus, über die Sie schreiben möchten. Machen Sie es wie die Bäume, die sich am Licht orientieren. Kümmern Sie sich um Ihr Wohlergehen und entwickeln Sie auch Ihre Impathie, wie die Selbstsorge heute genannt wird.

Günter Grass greift in seinen frühen Romanen auf Danzig als persönlichen und historischen Hintergrund zurück. Und in seinem neuen Buch „Alle meine Geister" [5] erzählt Uwe Timm von Kindheit und Jugend, von den Lehrjahren und seiner Arbeit als Kürschner im Hamburg der 1950er-Jahre. Er schafft damit ein „sprechendes Zeitbild".

Schöpfen auch Sie aus der eigenen Erfahrung, wenn Sie mit dem Schreiben beginnen. Sie können sich selbst nicht ausklammern. Gehen Sie Ihren Gefühlen nach und erlauben Sie sich, Ihrer blühenden Fantasie zu folgen. So hieß es früher, ich erinnere mich noch gut, wenn ich mir etwas ausdachte, das nicht sein konnte oder nicht durfte. Sammeln Sie zunächst alles, was Ihnen einfällt.

---

5   Uwe Timm, Alle meine Geister, Köln, 2023, Umschlag Rückseite.

Kapitel 1: Strandgut sammeln

Der kreative Prozess in der Kindheit beginnt mit dem Staunen und Erfinden. Mit den Händen begreifen Kinder die Welt. Erinnern Sie sich und beginnen Sie mit einer Schreibübung zum Aufwärmen. Greifen Sie in Ihren Erfahrungstopf. Notieren Sie, was Alltag, Träume und Umwelt an Land spülen. Lernen Sie das Staunen wieder. Bleiben Sie konkret. Beleben Sie alte Muster neu und lassen Sie andere daran teilhaben.

Schreibimpuls (1)
Themenzettel

Vorbereitung: Bitten Sie jemanden, Ihnen drei Themen zu stellen, zu denen wir vermutlich alle eine Erfahrung haben, wie zum Beispiel der erste Kuss. Notieren Sie die Themen jeweils auf einem Zettel.

Beispiele: Rad fahren oder Schwimmen lernen; die erste Liebe; der erste Urlaub ohne Eltern; die erste Ferienarbeit ...

Hinweis: Jeder hat eine eigene kleine Kompetenz, hat mein Schreiblehrer Paul Schuster betont. Erzählen Sie vor allem vom ersten Mal, denn das war bei jedem von uns verschieden.

Schreiben: Sie haben die Wahl. Suchen Sie sich verdeckt ein Thema aus und schreiben Sie zehn bis fünfzehn Minuten. Nutzen Sie Ihre Erfahrung.

Bearbeiten: Nehmen Sie sich den Text noch einmal vor und versuchen Sie, ihn rund zu machen, indem Sie am Ende den Anfang wieder aufgreifen.

Wiederholen: Nehmen Sie einen anderen Themenzettel zur Hand. Notieren Sie von Hand alles, was Ihnen einfällt. So schnell Sie schreiben können. Denken Sie nicht darüber nach. Legen Sie den Stift beiseite. Überlegen Sie sich den Schluss. Gehen Sie zurück und schreiben Sie einen neuen Anfang. Gestalten Sie den Mittelteil.

Notieren Sie weitere Erinnerungen aus Ihrem Leben auf kleinen Zetteln und heften Sie diese an eine Pinnwand. Wo kommen Sie her? Was hat Sie geprägt?

Wenn Ihnen nichts einfällt, probieren Sie das Clustering aus. Es stärkt das bildliche Denken. Cluster ist ein Begriff aus dem Englischen und bedeutet Büschel oder Traube.

Hintergrund: Clustering

Notieren Sie rund um ein Kernwort (im Beispiel „Rad fahren") auf einer leeren Seite Ihre Gedanken und Ideen und umkreisen Sie diese. Damit regen Sie Ihre kreative Gehirnhälfte an, die für das bildliche Denken zuständig ist. Lassen Sie sich treiben, schalten Sie den Verstand für den Moment aus.

Hüpfen Sie mit dem Stift hin und her. Lustvoll wild. Seien Sie spontan. Gleichzeitig bündeln Sie Ihre Gedanken unbewusst. Verbinden Sie Ihre Einfälle durch Striche, vor allem auch solche Ideen, die scheinbar nicht zusammen gehören. Clustern Sie ungefähr zehn Minuten. Dann werden Sie ein Muster erkennen. Sie können erahnen, wo der Schwerpunkt Ihres Textes liegt. Über das Netz kommen Sie zu Bildern, die Sie als Ganzes erfassen können.

Das Cluster ist eine gute Methode, bei einem Thema in die Tiefe zu gehen. Ich sammele oft vor dem Schreiben damit möglichst viel Material. Clustern ist nicht-linear und zeigt Freiräume auf, an die wir nicht gedacht haben.

Der Themenzettel *Rad fahren* taucht in Schreibgruppen häufig auf. Daraus ist für meinen Band „Wir vom Jahrgang 1957 – Kindheit und Jugend"[6] die folgende Geschichte entstanden, von der ich Ihnen einen Auszug mitgebracht habe:

Beispiel: Fahrrad fahren

Auf deinem kleinen roten Fahrrad saust du die Straße hinunter bis zur Querstraße, dort ist die Grenze. Du bist schnell und wirst schneller und schneller, trittst, bis deine Beine den Pedalen nicht mehr hinterherkommen, das Rad auf seinen dicken Ballonreifen dahin saust und du die

---

6 Jutta Weber-Bock, Wir vom Jahrgang 1957 – Kindheit und Jugend, 10. Auflage, Gudensberg-Gleichen, 2020, Seite 16/17.

Beine in die Luft hebst. Du streckst auch die Arme hoch, fährst die letzten Meter freihändig. [...] Und dann stapfst du mit den anderen die Straße wieder hinauf, neben dir das Fahrrad. [...] Bis zu eurer Wohnung läufst du halb, halb fährst du, dort ist der Start. Du rennst die letzten Meter, nur schnell in den Pulk der anderen, damit die Mutter dich nicht sieht und hereinrufen kann. Und wieder hinunter [...] Wind in den Haaren, die Sonne auf der Nase [...]. Du bist frei, kannst so schnell sein und alles hinter dir lassen auf deinem kleinen roten Fahrrad.

Hier das Cluster als Vorarbeit zum Text.

Beispiel für ein Cluster

19

Ich erinnere mich an ein grünes Fahrrad. Für die Geschichte wurde es zum roten Rad, weil es vom Verlag ein Foto gab, das im Jahrgangsband Verwendung fand. In meinem eigenen Fundus hatte ich leider keines. Das Cluster hat mich in die frühe Kindheit zurückgetragen. Ich habe die Pedale getreten, bis sie sich von selbst gedreht haben. Der Wind hat mir die Haare zerzaust. Für einen Moment saß ich wieder auf dem kleinen grünen Fahrrad mit den Ballonreifen und habe gejubelt. Neues auszuprobieren, davon kann ich bis heute nicht lassen. Ein Gefühl von Freiheit steckt darin und findet sich in vielen meiner frühen Kindheitsmuster wieder.

Schreibimpuls (2)
Kindheitsmuster[7]

Vorbereitung (1): Legen Sie ein DIN-A3-Blatt bereit. Versetzen Sie sich zurück in Ihre Kindheit und lassen Sie alles zu, was in Ihnen auftaucht. Das können Bilder, Szenen oder Gefühle sein, die vor Ihrem geistigen Auge Revue passieren. Wenn Sie auf eine Erinnerung stoßen, die Sie ganz besonders fesselt, haben Sie das Kernwort gefunden. Schreiben Sie es in die Mitte des Blattes und umkreisen Sie es ein paar Mal.

Vorbereitung (2): Entwerfen Sie ein Cluster. Denken Sie nicht darüber nach, was Sie notieren.

---

7   Idee nach Gabriele L. Rico, Garantiert schreiben lernen, Reinbek bei Hamburg, 1994, Seite 50 ff.

Lassen Sie den Assoziationen freien Lauf. Vertrauen Sie darauf, dass sich die Kette von selbst fortsetzt. Rufen Sie sich Gefühle, Geräusche und Gerüche ins Gedächtnis. Denken Sie daran, wie die Dinge ausgesehen und wie sie sich angefühlt haben, vielleicht wissen Sie sogar noch, wie sie geschmeckt haben. Clustern Sie, bis Sie das Gefühl haben, einen Schwerpunkt gefunden zu haben.

Schreiben (1): Schreiben Sie über Ihre Erinnerung zunächst aus der Sicht des Erwachsenen. Blicken Sie zurück und beginnen Sie mit „Ich erinnere mich ..." Orientieren Sie sich am Cluster. Schreiben Sie in der Vergangenheitsform. Legen Sie den Text erst beiseite, wenn der Schreibfluss versiegt.

Schreiben (2): Verfassen Sie einen zweiten Text, in dem Sie über das Erlebnis aus der Sicht des Kindes erzählen. Schreiben Sie in der Gegenwartsform, als ob sich alles in diesem Augenblick abspielt. Lassen Sie den Anfang „Ich erinnere mich ..." weg. Verwandeln Sie sich wieder in das Kind, zitieren Sie Gespräche oder Aussprüche. Behalten Sie das Cluster im Blick.

Bearbeiten: Nehmen Sie beide Texte und wechseln Sie ab zwischen dem Erwachsenen-Ich und dem Kindheits-Ich.

Wiederholen: Wählen Sie ein anderes Kernwort und clustern Sie. Gehen Sie noch einmal nach dem obigen Muster vor.

Lesetipp (1): Christa Wolf gibt in dem Roman „Kindheitsmuster"[8], der autobiografische Züge trägt, einen Einblick in ihre Erinnerungsarbeit. Als Kulisse nimmt sie die Stadt, in der sie aufgewachsen ist. Ihr Geburtsort Landsberg an der Warthe in der Neumark, den sie im Roman L. nennt, hat aber nichts mehr gemein mit der heutigen Stadt und trotzdem wächst zusammen, was nicht zusammen gehört.

Lesetipp (2): Nathalie Sarraute montiert in „Kindheit"[9] die inneren Stimmen ihrer Erzähler. Die Erwachsene spricht als ein Ich das Kind als Du an und entlockt ihm scheinbar die Erinnerungen. Das Kind hat auch als ein Ich seinen Auftritt und agiert nach kurzer Zeit selbstbewusst. Es wehrt sich gegen Vorwürfe der Erwachsenen.

Locken Sie wie Nathalie Sarraute das Ich Ihrer Kindheit hervor. Geben Sie dem Kind eine Stimme. Sie werden erstaunt sein, wie es Dinge sagt, die Sie sich vorher nicht ausgedacht haben. Im Rückblick fächert sich so eine andere Geschichte der Herkunft auf. Greifen Sie als Autorin oder Autor nicht steuernd ein. Sie sind ein drittes Ich neben dem Kindheits-Ich und dem Erwachsenen-Ich. Lassen Sie zunächst alle Einfälle zu, wie sie sich Ihnen zeigen.

---

8   Christa Wolf, Kindheitsmuster, München, 1994.
9   Nathalie Sarraute, Kindheit, Frankfurt a. M., 2017.

Hintergrund: Erzählverhalten

Sie können als Erzähler in der ersten Person (Ich) oder in der dritten (Sie/Er) agieren. Probieren Sie auch ein Du oder ein Wir aus. Es lohnt sich. Nehmen Sie verschiedene Standpunkte ein und prüfen Sie, welcher für Sie passend ist. Als ein Ich erwecken Sie den Eindruck, das Erzählte selbst erlebt zu haben. Sie sind scheinbar eine Figur der Erzählung. Als Sie- oder Er-Erzähler sind Sie nicht direkt involviert. Es sieht zumindest so aus. Diese dritte Person gibt Ihnen die Möglichkeit, sich unterschiedlich zu verhalten:

a) Identifizieren Sie sich mit einer Person, nehmen ihre Sicht ein.

b) Verhalten Sie sich als Beobachter, sind Sie scheinbar neutral;

c) Springen Sie in die Köpfe aller Figuren hinein, sind Sie allwissend. Sie bewerten und sagen, was die Figuren denken und fühlen.

Im Schreibimpuls (2) haben Sie zwei Mal Ich gesagt. Versetzen Sie sich in das Kind, wirkt der Text auch durch die Wahl des Präsens unmittelbarer. Sie schränken jedoch auf der anderen Seite Ihre Möglichkeiten ein, da Sie den Kopf des Kindes nicht verlassen können. Sie sind auf sein Wissen angewiesen.

Daher braucht Nathalie Sarraute auch die Stimme des Erwachsenen-Ich, die bewertet und zurechtrückt. Versuchen auch Sie sich an einem solchen Wechsel.

Woher aber kommen nun die inneren Bilder des Kindes? Durch das Clustern haben Sie diese hervorgelockt. Machen Sie sich bewusst, aus welchen Quellen[10] Sie schöpfen:

- Die äußere Realität spiegelt die Lebenswelt wider. Bei Günter Grass ist es Danzig, bei mir Melle, wo ich geboren wurde. Ich bin immer wieder erstaunt, wie viele Menschen diese kleine Stadt kennen. Ich habe sie in meinen Geschichten zum Schauplatz gemacht, ohne sie zu nennen.
- Sie verfügen außerdem über einen inneren Fundus an Bildern. Diese steigen als Tagträume empor. Bei mir melden sie sich, sobald ich an einem See oder am Meer sitze.
- Achten Sie auch auf Ihre Träume in der Nacht. Sie zeigen Ihnen Wege, die Sie sich vorher nicht ausgemalt haben.
- Wir schöpfen aber ebenfalls aus Urbildern, die tief im Gedächtnis der Menschheit verankert sind. Denken Sie an Geschichten über die Sintflut. Diese lösen bis heute Ängste aus, denen wir uns nicht bewusst entziehen können. Hingegen scheint es, dass wir die Sehnsucht nach dem Fliegen stillen konnten.

Ergänzen Sie die inneren Bilder Ihres Kindes. Schmecken Sie dem nach, was Sie als Kind umgetrieben hat. Lernen Sie das Staunen neu.

---

10 Nach Gabriele Rico, a. a. O., Seite 170 und 180 ff.

Schreibimpuls (3)
Inhaltsverzeichnis I

Vorbereitung: Stellen Sie sich eine Torte vor. Üppig und sahnig wie das Leben. Teilen Sie es in zehn große Stücke (= Kapitel) auf.

1. Suchen Sie nach Überschriften, die Sie selbst neugierig machen. Gibt es Lebensstationen, an die Sie lange nicht mehr gedacht haben oder tauchen Wünsche auf, die Sie nicht gelebt haben? Bitten Sie jemanden, der Sie nicht kennt, ein Kapitel auszuwählen und zu unterstreichen.

2. Notieren Sie die fünf wichtigsten Sätze aus diesem Abschnitt. Schlagen Sie einen Bogen vom Ende zum Anfang und zurück. Lassen Sie sich einen Satz unterstreichen.

3. Betrachten Sie diesen als filmische Sequenz. Was brauchen Sie, um ihn zum Leben zu erwecken? Suchen Sie sich eine Bühne und erstellen Sie eine Liste mit Requisiten. Lassen Sie sich daraus etwas anstreichen.

Schreiben: Schreiben Sie über dieses Detail. Stellen Sie es in den Mittelpunkt.

Wiederholen: Wählen Sie ein anderes Kapitel, und führen Sie die Schritte zwei und drei erneut aus. Schreiben Sie einen weiteren Text.

Recherche: In welcher Zeit und an welchem Ort spielt ein Kapitel? Haben Sie die Nachkriegsjahre vor Augen? Erinnern Sie sich an den ersten Urlaub in Italien?

Hier ein Beispiel[11] zu den ersten vierzig Jahren meines Lebens. Ich habe mich gefragt, wie ich den Stoff aufteilen könnte und was ich erzählen möchte.

Mein Leben bis vierzig

1. Kindheit in der Kleinstadt
2. Auf zwei Rädern in die Freiheit
3. Philosophie und Anarchismus
4. Ein Fischkopf zieht ins Schwäbische
5. Auf Messers Schneide – Sekretärin
6. Flucht in die Schwangerschaft
7. <u>Rabenmutter und Geliebte</u>
8. Am Schreiben gehen
9. Laufen Leben
10. Der Drachenflieger

Ausgewählt wurde Kapitel sieben.

Die fünf wichtigsten Sätze aus Kapitel 7

1. „Fehlt dir deine Kleine denn gar nicht?", fragte unsere Empfangsdame. Sie stand mit ihrem großen Busen, an den sie alle Mitarbeiter zur morgendlichen Begrüßung drückte, dicht vor mir. Ich konnte mich ihr nicht entziehen.
2. Pausenlos klingelte das Telefon, der Chef tobte, weil nichts so lief, wie er es sich vorgestellt hatte, aber den ganzen Tag schrie kein Kind und es war das Paradies.

---

11 Jutta Weber-Bock, unveröffentlicht.

3. Wenn wir uns trafen, wurde nicht eingekauft und keine Wäsche gewaschen, immer war es unsere ausschließliche Zeit. 4. Das Telefon klingelte nicht, sooft ich auch hinschaute, und der Tag zog sich langsam das schwarze Kleid der Nacht an. 5. Ehefrauen sind nicht hässlich. Ich beobachtete die Frau, mit der er den Alltag lebte.

Ausgewählt wurde Satz Nummer vier.

Bühne und Requisitenliste zu Satz 4 (unvollständig)

- eine Frau, Mitte dreißig
- Fenster
- Sonnenuntergang
- Straßenlaternen
- Telefon
- heftiger Herbstwind
- zwei Birken
- Regen
- Vollmond

Ausgewählt wurde als Requisit Straßenlaternen.

Beispiel: Requisit – Straßenlaternen

Das Wochenende war zu Ende. Ich atmete nicht auf. Gestern am verkaufsoffenen Samstag hatte ich mich nicht aus dem Haus getraut. Jetzt fehlten Milch und Kaffee. Heute war es sonnig und warm gewesen. Familien und Pärchen waren an meinem Fenster vorbeigezogen. Die Herbstfarben hatten geleuchtet und der Sonnenuntergang den Himmel blutrot gefärbt. Es würde kalt werden. Regen setzte ein. Der Tag zog sich langsam das schwarze Kleid der Nacht an. Im fahlen Licht der Straßenlaternen glitzerten Regentropfen. Das Telefon klingelte nicht, sooft ich auch hinschaute. Ich vergrub es endlich unter einem Kissenberg. Schön warm eingepackt und stumm gestellt. Ließ meine Nummer im Stich. Wollte keine Nummer mehr sein. Rolf würde nicht mehr kommen. Stromleitungen schaukelten hin und her und Wind peitschte die Regenschnüre schräg durch das Fensterbild. Die Fassade des Hochhauses am Horizont erstrahlte in Gelb. Unter der schmiedeeisernen Laterne vor dem Haus fand sich mal wieder ein junges Paar in einem Kuss. Wie wir im Sommer vor dreizehn Jahren. ...

Für das Beispiel habe ich Einträge aus dem Tagebuch genutzt. Meine Notizen habe ich bearbeitet und stark verfremdet. Mithilfe einer Schleuse springe ich am Schluss direkt in eine Rückblende hinein, die im Beispiel nicht weiter ausgeführt ist.

Hintergrund: Möglichkeiten des Erzählens

Sie können auf verschiedene Art und Weise erzählen:

- chronologisch, in der Reihenfolge der Ereignisse;

- achronisch, assoziativ, scheinbar ohne jegliche Ordnung;
- anachronisch, indem Sie vorausdeuten oder sich zurückwenden.

Erzählen Sie chronologisch, wird das Ende für die Leser oft schon früh klar. Geben Sie eine Prise Spannung hinzu. Verwenden Sie Bilder. Sie können sich beim Wetter bedienen, es bietet für alle Anlässe eine reichhaltige Auswahl, wie Sie in meinem Beispiel sehen. Wechseln Sie ab zwischen langen und kurzen Sätzen. Schreiben Sie szenisch und bauen Sie Dialoge ein. Lassen Sie Lücken in der Handlung. Die Leser möchten sich die Dinge ausmalen.

Beim achronischen Erzählen brechen Sie die Regeln und setzen diese gleichzeitig neu. Sie können es im zweiten Kapitel an meinem Beispiel „die blaue mauer" studieren. Der Text kreist um das Thema Mauer, landet in einer Endlosschleife und beginnt stets von Neuem.

Mit dem anachronischen Erzählen, eröffnen sich Ihnen zusätzliche Möglichkeiten:

- Rückblende (Unterbrechung des Zeitverlaufs durch das Erzählen vergangener Ereignisse);
- Rückschritt (Einschnitt durch einen Nachtrag, eine Ergänzung oder Erweiterung);
- Rückgriff (Erinnerungen, Beifügungen – kein spürbarer Einschnitt in das Geschehensgefüge);
- Rückblick (Zusammenfassung von Wirkungen der Vergangenheit auf die Gegenwart);

- Vorauswendung, Vorausdeutung (Voraussage, Drohung, Traum – spannungsbildend).

Es kann spannend sein, wenn Sie auf künftige Ereignisse verweisen. Streifen Sie die Zukunft aber nur kurz und lassen Sie offen, was genau passieren wird. In den Gedanken einer Figur blitzt eine Katastrophe auf und die Leser hoffen, dass es nicht dazu kommt.

Bei einer echten Rückblende springen Sie ins Gestern und halten sich dort eine Weile auf. Es können Minuten oder Jahre sein, das hängt von Ihrem Stoff ab. Holen Sie am Schluss Ihre Personen aus der Vergangenheit zurück.

Mit einer Schleuse können Sie leicht von einer in die andere Zeit wechseln und trotzdem im Erzählfluss bleiben. Setzen Sie Ihre Figuren in ein Taxi:

„Meine Augen suchten Halt in diesem geordneten Chaos der Gleichzeitigkeit, suchten nach messinggoldenen Knöpfen und Ornamenten. London betäubte mich und dabei näherte sich Entferntes, verdichteten sich Eindrücke, es tauchen Bilder auf, Bilder von schmalen Gassen und alten Häusern." (= Bilder von Prag)[12]

Verbunden mit einer echten Rückblende ist oft ein Wechsel der Zeit, der für Spannung sorgt. Sie unterbrechen den bisherigen Erzählfluss, der im Beispiel in London spielt. Die Leser sind neugierig, wie es weitergeht. Was hat es auf sich mit den schmalen Gassen

---

12 Sigi Stecher †, Berlin, Kurzgeschichte „Flash", unveröffentlicht.

und alten Häusern in Prag? Das Gleiche erreichen Sie, wenn Sie zwischen dem inneren Erleben und der äußeren Handlung wechseln.

Schreibimpuls (4)
Hier und jetzt – Jetzt und hier

Vorbereitung: Wie fühlen Sie sich? Was passiert außerhalb von Ihnen? Was hören oder riechen Sie? Welche Gedanken treiben Sie um?

Schreiben: Schreiben Sie einen kurzen Text. Wechseln Sie übungshalber nach jedem Satz zwischen dem Innen und dem Außen.

Beispiel: „Vorgestern waren vier Rehe auf der Flucht. Heute tanzen Schmetterlinge zum Maiständchen, und ich tanze mit. Vier Segelflugzeuge kreisen vor der Landung wie die Worte in meinem Kopf. Vergissmeinnicht. Ich sehe die Mühle, die jetzt wieder Flügel hat, und höre beim Joggen nicht mehr die Stimme meiner Mutter im Milchladen. Blitzableiter schützen die Mühle. Ich bin vorsichtiger, mit dem, was ich erzähle. Das Dach der Mühle ist neu gedeckt, gewittergrau vor dem Sturm. Die Kinder auf den Fahrrädern haben Vogelfedern dabei. Meine Tochter sagt nur ja und tschüss am Telefon. Die Apfelblütenallee ist eine hohle Gasse. Ich laufe aus dem Tag heraus, bin nicht mehr auf der Flucht."[13]

---

13 Jutta Weber-Bock, unveröffentlicht.

Wiederholen: Suchen Sie sich Momente, in denen das Leben schnell abläuft. Wie geht es Ihnen damit? Fügen Sie Ihre innere Stimme hinzu. Wie verändert sich das Geschehen?

Unterbrechen Sie den Strom des Privaten immer wieder. Bauen Sie Alltag und Zeitgeschichte in Ihren Text ein. So schaffen Sie nicht nur einen Spannungsbogen, sondern verorten sich selbst in der Welt.

Elias Canetti sagt: „Wer den Zustand der Welt, in der wir leben, nicht sieht, hat schwerlich etwas über sie zu sagen."[14]

Hintergrund: Spannungsbogen

- **Verhältnis von Erzählzeit und erzählte Zeit:** Wie viel Zeit brauchen Sie, um etwas zu erzählen? Und wie lange dauert die Zeit, über die Sie schreiben? Wenn Sie zum Beispiel mit einem Satz zwanzig Jahre umspannen, aber zehn Sätze für zwei Minuten Handlung aufwenden, sorgt dies im Text für Lebendigkeit.

- Mit der **Ausgangssituation** für eine Geschichte geben Sie das Erzähltempo vor und legen fest, wie Ihre Personen agieren.

Wichtig ist es, dass Sie sich früh für eine Lösung entscheiden. Beginnen Sie mit dem Ende, es führt Sie zum Anfang. Sie legen sich fest, sind aber nicht daran gebunden.

---

14 Elias Canetti, Der Beruf des Dichters, München, 1976, Seite 2, ohne Angabe von Seitenzahlen.

Für Geschichten, ganz gleich welcher Art, brauchen Sie immer Personen. Wie auf einer Bühne spielen sie die Handlung und setzen Ihre Ideen um. Schaffen Sie sich Figuren und statten Sie diese aus. Der nächste Schreibimpuls zeigt Ihnen ein paar Möglichkeiten.

Schreibimpuls (5)
Knickperson mit sieben Vorgaben

Vorbereitung: Sie brauchen eine Woche lang jeden Tag ein paar Minuten, um das Material zum Schreiben vorzubereiten. Nehmen Sie sieben leere Blätter. Notieren Sie auf dem ersten oben in der Mitte einen Vornamen und markieren Sie unten rechts, ob dieser weiblich oder männlich ist (w/m). Knicken Sie das Papier zwei Mal nach vorne um, sodass Ihr Geschriebenes nicht zu lesen ist. Legen Sie das Blatt beiseite. Nehmen Sie einen anderen Zettel und wiederholen Sie den Vorgang sieben Mal. Mischen Sie die Papiere. Wenden Sie sich ihnen am nächsten Tag erneut zu. Gehen Sie genauso vor und füge Sie einen Nachnamen hinzu. Sie wissen nur, ob der Vorname weiblich oder männlich ist. Knicken Sie das Blatt wieder zwei Mal um. Fahren Sie jeden Tag in der Weise fort. Notieren Sie nacheinander Alter und Beruf, eine Situation und ein Dauerproblem. Zum Schluss können Sie eine beliebige Vorgabe aufnehmen.

Schreiben: Suchen Sie sich zwei Blätter heraus. Es ist spannend, denn Sie wissen nicht, wen Sie vor sich haben. Sie halten zwei Personen in der

Hand. Bringen Sie die beiden in einer der beschriebenen Situationen zusammen. Schreiben Sie einen Dramendialog (A: ..., B: ..., A: ...), lassen Sie die Figuren miteinander reden.

Beispiele:

1. Christian Gruber, 43 Jahre, Altenpfleger, Situation: beim Bäcker, Dauerproblem: Haarausfall, Vorgabe: Steve am Strand;

2. Sieglinde Müller, 35 Jahre, Hausfrau, Situation: im Kaufhaus, Dauerproblem: schlaflose Nächte, Vorgabe: der neue Babysitter.

Wiederholen (1): Nehmen Sie ein Personenblatt aus dem Stapel. Beschreiben Sie die Figur in der Situation. Wie sieht sie aus? Warum ist sie dort? Was denkt sie? Berücksichtigen Sie die Vorgabe.

Wiederholen (2): Wählen Sie eine weitere Knickperson. Überlegen Sie sich, wie Ihre Figur lebt und wie sie mit ihrem Dauerproblem umgeht. Was denkt sie über sich selbst? Und was erzählt sie jemandem darüber?

Durch Dialoge treten innere und äußere Konflikte zutage. Christina Baldwin sagt: „Wir können es lange Zeit vermeiden, den Dingen ins Gesicht zu sehen, wenn wir Monologe schreiben, doch der Dialog dringt zum Kern einer Sache vor."[15]

---

15 Christina Baldwin, Das kreative Tagebuch, Bern München Wien, 1992, Seite 33.

Hintergrund: Dialoge (1)

Der Dialog „ist eine Funktion der Figur." [...]
„Dialog steht in Beziehung zum Bedürfnis der
Figur, zu ihren Hoffnungen und Träumen."[16]

- Mit einem Dialog setzen Sie die Handlung in
  Bewegung und treiben sie voran. Sie bringen
  damit Abwechselung und Leben in den Text. In
  einem Schlagabtausch, wenn die Wörter hin
  und her fliegen, ist er Träger der Aktion. In einer nichtverbalen Handlung lockert der Dialog
  das Geschehen auf.

- Eine szenische Gestaltung ist ohne Dialog nicht
  denkbar. Beachten Sie, dass er nicht real ist,
  sondern Sie ihn als Mittel der Illusion einsetzen.

- Dialoge erhöhen Lesbarkeit und Lebendigkeit.

- Das Tempo eines Dialogs sollten Sie dem Erzähltempo anpassen.

- Setzen Sie zu wenig Dialog ein, wirkt Ihr Text
  distanziert und trocken. Hingegen lässt zu viel
  Dialog Ihre Geschichte aufgeblasen erscheinen.
  Vermeiden Sie Leerformeln wie *Guten Morgen,
  Liebste!* oder *Hallo, mein Schatz! Gut geschlafen?*
  und als Antwort: *Wie immer.*

- Im Wechselspiel von Frage und Antwort machen Sie die Standpunkte der Personen deutlich.

---

16 Syd Field, Peter Märtesheimer, Wolfgang Längsfeld u. a.:
    Drehbuchschreiben für Fernsehen und Film, Ein Handbuch für
    Ausbildung und Praxis, München, 1987, Seite 26.

- Mit einem Dialog vermitteln Sie Fakten und Informationen. Packen Sie aber nicht Ihr ganzes Hintergrundwissen in die wörtliche Rede. Wenn Sie als Autorin oder Autor etwas Wichtiges durch den Mund der Figuren mitteilen wollen, merken die Leser das sofort.

In den bisherigen fünf Schreibimpulsen haben Sie Themen aus Ihrem Leben herausgefiltert. Sie sind eingetaucht in die Vergangenheit und haben sich Kapitel zu Ihrer Biografie überlegt. Doch was ist das eigentlich: eine *Autobiografie*?

Hinweis: Autobiografie [17]

Eine **Autobiografie** erzählt das Leben des noch nicht sozialisierten Menschen. Beleuchtet wird die Geschichte seines Werdens und seiner Bildung. Im Vordergrund steht die Frage, wie er oder sie einen Platz in der Gesellschaft findet.

In **Memoiren** ist das Individuum bereits Träger seiner sozialen Rolle und hat seine Stellung gefunden.

Tagebüchern und Briefen fehlt oft die bewusst vollzogene literarische Gestaltung, die verschiedene Einzelmomente zu einem Ganzen werden lassen.

Erinnerungen erlauben es Ihnen, sich an die sonnigen Seiten Ihres Lebens zu halten. Bedenken Sie, dass Sie der Wahrheit damit ausweichen.

---

17 Nach Wolfgang Paulsen, Das Ich im Spiegel der Sprache, Tübingen, 1991, Seite 1 – 21.

Ihre Autobiografie wird dann zu einem Roman, wenn die gedichtete und verdichtete Welt die persönlichen Erlebnisse überlagert. Das Äußere erweist sich dabei als Verschlüsselung des Inneren. Probieren Sie es an Alltagshandlungen aus und üben Sie es ein.

Schreibimpuls (6)
Alltag

Vorbereitung: Machen Sie eine Liste von alltäglichen Handgriffen oder Handlungen. Beispiele: den Rollladen nach oben ziehen, in eine Hose schlüpfen, den Aschenbecher leeren ... Nummerieren Sie die Liste durch und lassen Sie sich von jemandem eine Zahl sagen.

Schreiben: Schreiben Sie dazu einen Kurztext, maximal eine halbe Seite. Denken Sie nicht lange darüber nach.

Bearbeiten: Schauen Sie Ihr Blitzlicht durch: Gibt es Formulierungen, bei denen Sie aufmerksam werden? Beispiele: Stimmen wie abgestandener Rauch, Hosenbeine wie Röhren, Licht hüpft durch die Spalten des Rollladens, Punkte treten auf wie Bäume ...

Gestalten: Stellen Sie Ihren Text um und beginnen Sie mit einer nicht alltäglichen Wendung. Formen Sie ihn zu einer Geschichte. Sie können am Ende wieder auf den Anfang zurückkommen und auf diese Weise einen roten Faden auslegen.

Wenn Sie zum Beispiel davon erzählen, wie Sie im heißen Sommer eine enge Jeans ausziehen, der Stoff an Ihrer Haut klebt und die Hosenbeine zwei Röhren gleichen, haben die Leser gleich ein Bild vor Augen. Seien Sie konkret und schlagen Sie einen Bogen. Sie könnten zum Beispiel mit der Formulierung beginnen: *Bauch einziehen* und mit dem Wort *Ausatmen* aufhören.

Hintergrund: Kreisgeschichten

Nicht nur Kinder haben das Bedürfnis, beim Erzählen wieder auf den Anfang zurückzukommen. Gestalten auch Sie Ihre Geschichte zu einer runden Sache. Lesen Sie Reportagen. Darin wird oft am Ende noch einmal auf den Anfang Bezug genommen. Der Kreis ist wie ein roter Faden und verschafft uns eine gewisse Befriedigung, die Welt am Ende in Ordnung zu bringen. Gönnen Sie sich davon eine Prise.

Sinnlich zu schreiben, kann Ihnen bei der Gestaltung Ihres Textes helfen. Das Hören haben Sie in Dialogen bereits erprobt. Versuchen Sie es mit dem Schmecken.

Schreibimpuls (7)
Lieblingsessen

Vorbereitung: Was haben Sie in Ihrer Kindheit am liebsten gegessen? Und was haben Sie gehasst? Erzählen Sie, wer gekocht hat. Wann wurde das Gericht serviert, gab es einen Anlass? Mit wem saßen Sie am Tisch? Erinnern Sie sich an die Jahreszeit? Welche Rolle spielte das Essen für Sie als Kind? Gab es Rituale, die zu Ihrem Lieblingsgericht gehörten?

Schreiben: Schreiben Sie einen Kurztext, seien Sie konkret und genau. Sagen Sie nicht: *Ich liebe italienisches Essen* oder *Am besten schmecken mir Nudeln.* Erzählen Sie davon, wie Ihre Mutter zum ersten Mal Spaghetti mit einer selbst gekochten Tomatensoße servierte.

Wiederholen: Welche Gerichte haben Sie in Ihrer Kindheit gehasst? Bei mir waren es die dicken Bohnen, die es als Eintopf mittags gab. Den Kochgeruch habe ich noch heute in der Nase. Er hat jedes Mal einen Würgereiz ausgelöst. Essen musste ich sie trotzdem. Ich habe mir dabei die Nase zugehalten.

Lesetipp: In der Erzählung „Unter der Jaguar-Sonne"[18] von Italo Calvino lässt sich ein Liebespaar auf Mexikoreise mit fast kannibalischer Lust auf die Genüsse einer exotischen Küche ein, wie es im Klappentext heißt. Die beiden sind so sehr in das Essen vertieft, dass sie beim Essen alle Grenzen zwischen sich auslöschen.

Marcel Proust schreibt in seinem Roman „Auf der Suche nach der verlorenen Zeit":

„In der Sekunde nun, wo dieser mit dem Kuchengeschmack gemischte Schluck Tee meinen Gaumen berührte,

---

18 Unter der Jaguar-Sonne, in: Italo Calvino, Unter der Jaguar-Sonne, München Wien, 1987, Seite 31 ff.

zuckte ich zusammen und war wie gebannt durch etwas Ungewöhnliches, das sich in mir vollzog."[19]

Dieses Erlebnis erinnert das Erzähler-Ich an seine Kindheit, in die er beim Weitererzählen hineinspringt. Es ist als Madeleine-Effekt in die Literatur eingegangen. Die Textstelle ist gleichzeitig ein tolles Beispiel, wie Sie mittels einer Schleuse in eine echte Rückblende hineinkommen können. Sammeln Sie sinnliche Eindrücke und überlegen Sie, welche Situationen sich als Schleusen eignen.

Tragen Sie stets ein Notizbuch mit sich herum, am besten im DIN-A6-Format. Eine Seite können Sie reservieren, um stichwortartig Themen festzuhalten, die Ihnen in den Sinn kommen und über die Sie gerne (irgendwann) schreiben würden. Manchmal befruchten sich die Ideen gegenseitig und plötzlich kommt Ihnen eine Geschichte in den Sinn.

Notizbuch: Wenn Ihnen nichts einfällt

Hier ein paar Vorschläge von Nathalie Goldberg[20], wenn Ihnen die Ideen zum Schreiben fehlen. Sicher kommen Ihnen noch weitere Möglichkeiten in den Sinn:

---

19 Zitiert nach John Kotre, Weiße Handschuhe: Wie das Gedächtnis Lebensgeschichten schreibt, München Wien, 1996, Seite 28.
20 Nach Nathalie Goldberg, Der Weg des Schreibens, München, 1991, Seite 38 ff., (neu erschienen unter dem Titel Schreiben in Cafés mit teilweise verändertem Text, Berlin, 2003), zitiert wird nach der Ausgabe von 1991.

- Schreiben Sie über das Licht, wie es in ein Fenster fällt oder über Autoscheinwerfer.
- Machen Sie einen Spaziergang mit Ihrem Notizbuch. Achten Sie auf alles Gelbe. Suchen Sie sich einen Platz und schreiben Sie.
- Schreiben Sie an ungewöhnlichen Orten, wie zum Beispiel in einem Waschsalon, in einer Reinigung oder in einer Kaffeebar. Was sehen, hören und riechen Sie und was geschieht in Ihrer Umgebung?
- Jeden Tag müssen wir Abschied nehmen. Es sind die kleinen Trennungen, die uns das Leben ständig auferlegt. Schreiben Sie über diese kleinen Abschiede, wie das Verlassen des Hauses am Morgen, oder auch über die großen Trennungen, Ihre Scheidung, den Abschied von einem Freund, der im Sterben liegt.

Schreiben Sie, wie es wirklich war. Seien Sie ehrlich und genau, werden Sie nicht abstrakt. Die Erfindung kommt von selbst zu Ihnen. Üben Sie es, im Alltag aufmerksam zu sein, und entwickeln Sie ein Gespür dafür, wo sich möglicherweise Geschichten verstecken könnten, die ein Glück in sich bergen.

Schreibimpuls (8)
Geschenke

Vorbereitung: Suchen Sie sich einen Partner oder eine Partnerin. Sie können die Übung auch alleine an verschiedenen Tagen durchführen.

Schreiben Sie auf drei kleine Zettel je ein alltägliches Wunder. Wenn Sie alleine sind, legen Sie den Zettel weg und schreiben Sie ein paar Tage später noch mal einen und irgendwann einen dritten. Schenken Sie sich selbst oder gegenseitig die Zettel. Suchen Sie sich ein Thema aus.

Schreiben: Schreiben Sie einen kurzen Text, und achten Sie dabei auf seine Struktur.

Beispiele für Wunder: Der Bus fährt Ihnen nicht vor der Nase weg. Die Kinder haben die Wohnung geputzt oder Essen gekocht. Ein Kastanienbaum blüht und in jeder Blüte steckt so viel Zeit, wie Sie brauchen, Sie müssen sie sich nur nehmen.

Wiederholen: Lassen Sie Ihre Wünsche fantastische Formen annehmen: Sie wachen morgens auf und haben keine grauen Haare mehr. Oder wie wäre es: Sie schauen in den Spiegel und haben nichts an sich auszusetzen.

Nehmen Sie ein Schmetterlingsnetz und gehen Sie auf die Jagd. Was verfängt sich darin? Schließen Sie die Augen, bleiben Sie eine Weile stehen und halten Sie das Netz in die Luft.

Hier eine Auswahl aus meinem Fundus: ein Kanu und eine Hängebrücke; Halma oder eine schwedische Rhapsodie; Efeuranken und einen Sommer ohne Handgepäck. Ich weiß noch nicht, was ich damit tun soll, und schenke sie Ihnen. Greifen Sie zu!

Welche Dinge möchten zusammengehören? Heften Sie Ihre Wünsche daran. Stecken Sie alles zusammen in ein Tagebuch.

Tagebuchschreiben [21]

Nehmen Sie sich für den Anfang nicht zu viel vor. Zeitlich begrenzte Eintragungen, drei bis sieben Minuten reichen völlig aus. Später können Sie die Zeit ausdehnen. Wichtig ist Regelmäßigkeit. Stellen Sie sich einen Wecker. Es gibt viele freie Minuten, in denen Sie schreiben können. Denken Sie daran, nicht auf das mündliche Erzählen kommt es an, sondern auf das Schreiben, das Notieren. Probieren Sie aus, Briefe zu schreiben, die Sie nicht abschicken. Sie brauchen dabei keine Rücksicht auf die Gefühle des Empfängers zu nehmen. Anne Frank [22] ist am Anfang in ihrem Tagebuch auf diese Weise vorgegangen. Erst später hat sie ihre Briefe anonymisiert und an eine imaginäre Freundin Kitty adressiert.

Halten Sie in Ihrem Tagebuch die Wendepunkte in Ihrem Leben fest. Stichwörter reichen für den Anfang. Sie werden sich erinnern. An den Jahresbeginn mit einem Kuss oder an den Umzug im heißen Sommer.

Wenn gerade nichts passiert außer Alltag, greifen Sie in diesen hinein. Kommt die *Müllabfuhr*, öffnet sich Ihnen

---

21 Nach Christina Baldwin, Das kreative Tagebuch, a. a. O., Seite 27 ff.
22 Anne Frank, Tagebuch, Frankfurt a. M., 1999.

ein Raum. Seien Sie konkret und präzise. Folgen Sie jedem Tag nur einer Idee, einem Stichwort. Der Pflanzenname *Winterjasmin* trägt den neuen Frühling in sich. Und ein Klingeln an der Tür kündigt nicht immer den Postboten an.

Sie können das Tagebuch aber auch dafür nutzen, sich etwas auszudenken. Ein Telefongespräch, das mit einem wilden Tanz endet. Ich bin neugierig, was passiert ist.

Oder brechen Sie auf dem Papier einen Streit vom Zaun. Nichts wird passieren, nur in Ihnen.

Möchten Sie dem Radio ein Interview geben? Wer weiß, vielleicht kommt morgen der ersehnte Anruf, wenn Sie dazu schreiben.

Wichtig ist nur, schreiben Sie!

Zusammenfassung

Sammeln Sie Ihr Strandgut und genießen Sie, was Sie finden. Machen Sie einen langen Spaziergang zu sich selbst. Greifen Sie in das Leben hinein, machen Sie es wie Maria Beig in ihrem Debütroman „Rabenkrächzen".[23] Martin Walser sagt über die Romane von Maria Beig: „Nichts ist so gering, daß es nicht gesagt werden kann. Aber so gesagt, ist es nicht mehr gering. [...] Für mich ist dies Erinnerung ans Großelternland. [...] Stell dir vor, Maria Beig [...] hätte nicht geschrieben! Dann wäre das alles sang- und klanglos untergegangen."[24]

Überlegen Sie, was Sie aus Ihrem Leben erzählen möchten, damit es nicht verloren geht. Bewahren Sie die kleinen Dinge, wie das Fahrrad fahren. Der Alltag ist ein Mosaik Ihrer Lebensträume. Im Hier und Jetzt. Nehmen Sie die Leser mit und zeigen Sie ihnen das Biotop Ihrer Innenwelt und seine Beziehung zur Außenwelt. Öffnen Sie das Panorama Ihres Lebens. Schlagen Sie einen Bogen vom Anfang zum Ende und wieder zurück. Verführen Sie sich und Ihre Leser.

Fühlen Sie sich im nächsten Kapitel in den Stoff Ihres Lebens und in die Menschen ein, die Ihnen begegnet sind.

---

23 Maria Beig, Rabenkrächzen, Frankfurt a. M., 2019 (aktuelle Ausgabe).
24 Martin Walser, Erste Notiz über Maria Beig, erschienen in: Allmende, Heft 3/1981.

Kapitel 2: Empathie entwickeln

Jeden Tag nehmen wir bei anderen Menschen Töne und Akkorde wahr, die sich durch ihre Worte und Taten ziehen. Wir stellen uns vor, wie es ihnen geht. Erahnen zu können, was jemand fühlt, ist die Basis der Menschenkenntnis. Dazu gehört es aber auch, uns selbst besser kennenzulernen. Mit dem Schreiben haben Sie damit begonnen.

Daniel Goleman sagt: „Die Grundlage der Empathie ist Selbstwahrnehmung; je offener wir für unsere eigenen Emotionen sind, desto besser können wir die Gefühle anderer deuten." [25] Das Zittern einer Stimme gibt uns ein Signal. Wir nehmen es im Alltag auf und bauen es beim Schreiben in unsere Geschichten ein. Damit gestalten wir die Beziehungen zwischen den Menschen und den Dingen. Das ist die Aufgabe der Kunst, der Literatur. In diesem Kapitel erproben Sie es, wie Sie sich in Ihren Stoff einfühlen können. Beginnen Sie mit dem Ende und schreiben Sie darauf hin. Aller Anfang ist dann leicht. Die Wahrheit finden Sie in der Mitte, wenn Sie sich mit Ihren Figuren den Konflikten stellen. Spüren Sie der Biografie von Dingen nach, die nur auf den ersten Blick leblos sind.

Schreibimpuls (9)
Autobiografisches Schreiben

Vorbereitung: Versetzen Sie sich in etwas aus der unbelebten Natur hinein, und zwar in einen

---

25 Daniel Goleman, Emotionale Intelligenz, München, 1997, Seite 127.

Gegenstand. Sind Sie groß und stark? Entspannt? Gelassen? Was hören oder schmecken Sie? Wählen Sie etwas Konkretes.

Beispiele: Sie könnten sich wie ein Spielball ohne Luft, ein Stuhl oder ein Tisch, eine Flasche oder ein leeres Brillenetui fühlen. Bitte machen Sie einen großen Bogen um technische Geräte.

Schreiben: Beginnen Sie damit, was Sie sind: Ich bin ein Brillenetui, eine Flasche. Geben Sie uns kein Rätsel auf, schreiben Sie einen kurzen Text. Nehmen Sie sich zehn Minuten Zeit.

Bearbeiten: Lesen Sie Ihren Text. Wo könnte er konkreter oder sinnlicher sein?

Wiederholen: Üben Sie es, sich in die Dinge hineinzuversetzen. Schauen Sie aus dem Fenster, werden Sie für eine Weile schreibend ein Ziegelstein aus der Hauswand im Hof.

Seien Sie neugierig. Horchen Sie in sich und Ihren Gegenstand hinein. Schreiben hat immer mit der eigenen Person zu tun. Je nachdem, wie Sie sich fühlen und wie Sie die anderen wahrnehmen, werden Ihre Texte schwebend leicht oder wütend und ironisch. Unter Umständen ändert sich Ihre Stimmung. Nutzen Sie es. Mich hat eine *blaue mauer* mehrere Jahre umgetrieben. Meine Gedanken sind immer wieder um sie gekreist. Gefunden habe ich sie an der Hochschule der Medien in Stuttgart, wo ich einen Lehrauftrag für *Kreatives Schreiben* innehatte. Im Foyer stand eine alte Zeilensetzmaschine, die mich nicht losgelassen hat.

Beispiel: die blaue mauer [26]

... hungrig nach bläue zieht sich die mauer von
der alten linotype auf augenhöhe am abbruch
entlang, der hang spiegelt sich im gegenüber,
niemand sieht jedermann, lose geschichtet die
letzten brocken kalkstein im mischwald, märchen schnee von gestern, im herzen blau, nach-
durst am viadukt, in das kalte tal flieht sie und
lässt an der rampe die sau raus, quiekt mit dem
geländer, es dauert nicht lange, bis sie sich aneinander gewöhnen, und doch finden sie sich
überflüssig, sprechen nichts aus, stehen fuß bei
fuß, berühren sich nicht, es bleibt dieser ab-
stand in der balance, gar nicht so leicht, es
immer säuisch an einer stelle zu treiben und
weiterzulaufen, leon stellt sein fahrrad an ihr ab
und liefert seinen kopf gleich mit, schweinerei
und nicht mal ein anzugträger ist er, die zacke
fährt ins theater ein, gefangen an der kante: ein
kinderwagen aus fünfzig jahren, seine krawatte
fliegt davon, nach der pause fällt jedermann in
den zwischen.raum: ein abgefrorener finger, le-
ons haarband, ein paar handschuhe, zu zweit
ist es wärmer, da passt ein leben hinein, eine
feuertreppe schlängelt sich durch den heusteig, die mauer bleibt stehen, wo sie verläuft,
alle starren sie an, es blaut und staubt im kessel,
diese mauer verheißt kein entkommen, ihr lorbeer

---

26 Jutta Weber-Bock, die blaue mauer (Auszug), in: (W)ortreich, hrsg. von
Marc Bensch und Joachim Speidel, edition BVjA, Norderstedt, 2020,
Seite 157 ff.

paart sich mit einer heckenrose und vertrocknete geranien geben gottes segen, am notfallsammelpunkt wartet hinz, der alte waldkauz, einen fahrer gibt es schon lange nicht mehr, autonom gelangt die mauer bis kurz vor kunzens schweinebacke, da zerren die heiligen sie hinter dem alten horizont hervor, diese grinsenden putten tragen äxte und containern sich blau ...

Meine blaue Mauer lehnt sich an Mörikes Albtrauf und zieht sich durch die Stadt. Wir sehen sie nicht, nehmen im Allgemeinen keine Notiz von ihr und doch ist sie da, zwischen Arm und Reich, Alt und Neu, eine Welt inmitten der Abrissbirne. Im *zwischen.raum.stuttgart* finden wir „das, was man im Allgemeinen nicht notiert, was nicht bemerkt wird, was passiert, wenn nichts passiert außer Zeit, Menschen, Autos und Wolken."[27]

Mein Projekt[28] zur *blauen mauer* war wie bei Perec eine kleine Schule der Wahrnehmung. Ich habe mir genommen, was nicht bemerkt wird und nicht zusammen gehört. Mein Blick für die ungeliebten Ecken der Stadt hat sich dabei geschärft.

Sie haben gelesen, was mir *die blaue mauer* alles in die Tasche gesteckt hat. Was aber tragen Sie als Spielball ohne Luft oder Flasche, als Brillenetui oder Stuhl mit sich

---

27 Georges Perec, Versuch, einen Platz in Paris zu erfassen, Zürich, 2023, Seite 5.

28 Der Text die blaue mauer ist 2019 bei einer Aktion in der Gedok Stuttgart im Tandem mit der bildenden Künstlerin Charlotte Traum (Fotocollagen) entstanden.

herum? Zeigen Sie her, was sich in Ihren Taschen versteckt und verraten Sie, womit Sie sich auskennen.

Schreibimpuls (10)
Tretjakovs Tasche [29]

Vorbereitung: Legen Sie die persönlichen Gegenstände (zum Beispiel: Feuerzeug, Uhr, Brille, Schmuck, Stift, Notizbuch), die Sie bei sich tragen (in der Hosen-, Mantel-, Jackentasche), auf den Tisch. Wählen Sie aus und nehmen Sie einen davon in die Hand.

Schreiben: Erzählen Sie die Geschichte des Gegenstands. Woher oder von wem haben Sie ihn? Was haben Sie damit erlebt und wozu tragen Sie ihn mit sich herum?

Wiederholen (1): Suchen Sie sich einen Partner. Legen Sie jeder ein paar Gegenstände auf den Tisch. Wählen Sie einen aus dem fremden Fundus.

Variante (1): Erzählen Sie dem anderen dessen Geschichte. Machen Sie sich jeweils Notizen, was der andere erzählt. Schreiben Sie es auf und verdichten Sie es. **Variante (2):** Stellen Sie Mutmaßungen über einen Gegenstand des anderen an. Ziehen Sie beim Schreiben nach dem Sherlock-Holmes-Prinzip Rückschlüsse auf die Person.

---

29 Idee nach Bettina Mosler und Gerd Herholz,
   Die Musenkussmischmaschine, Essen, 1991.

Wiederholen (2): Nehmen Sie zwei Gegenstände aus Ihrer Tasche und lassen Sie diese miteinander reden.

Wiederholen (3): Das schönste oder schlimmste Erlebnis mit einem Gegenstand aus der Tasche, erinnern Sie sich und schreiben Sie darüber.

Wiederholen (4): Schreiben Sie die Geschichten von Möbelstücken auf.

Natürlich ist mir bei den Gegenständen aus Tretjakovs Tasche gleich der Roman „Tom Sayer"[30] von Mark Twain eingefallen. Nach seinem langen Arbeitstag findet Tom „zwölf Murmeln [...] einen Scherben aus blauem Flaschenglas [...] Kaulquappen, sechs Knallfrösche [...] ein Hundehalsband, allerdings ohne Hund [...]."
Tom Sayer erzählt auch, von wem er etwas bekommen hat. In den Dingen stecken die Konflikte, die Tom mit den Besitzern hat. Die Gegenstände erhalten ihren Wert erst durch ihre Herkunftsbiografie und zeigen Toms Reichtum am Ende des Tages.

Hintergrund: Tretjakovs Tasche [31]

Sergej Tretjakov (* 1892 in Riga, 1939 in einem Lager in Sibirien erschossen) entwickelte die Methode für seine Sozialreportagen. Durch die Biografie der Dinge konnte er Rückschlüsse auf den Besitzer ziehen und ein Soziogramm erstellen.

---

30 Mark Twain, Tom Sayer, Bindlach, 1988, vgl. das Kapitel „Das ruhmreiche Zaunweißen", Seite 22 ff.
31 Sergej Tretjakov, Die Arbeit des Schriftstellers, Reinbek bei Hamburg, 1972, S. 86 ff.

Sie können über die Dinge aus den Taschen eine Person in einer Geschichte vorstellen und diese durch den Gegenstand charakterisieren.

Ein Gegenstand bietet Ihnen auch einen guten Einstieg in eine Geschichte. Doch was ist das? Eine Geschichte? Journalisten berichten von einem Geschehen. Es ist durch eine lineare Abfolge gekennzeichnet und kausal begründet. Beispiel: *Autounfall am Olgaeck. Ein Mann hat das Rotlicht übersehen und ist mit dem Wagen einer Frau kollidiert. Verletzt wurde niemand.* Das lesen Sie am nächsten Tag in einer Kurznotiz in der Zeitung. Zusammengestellt aus dem Polizeibericht. Ein Geschehen, keine Geschichte.

Tritt aber etwas in diesen Vorgang ein, das zu einer unerwarteten Wendung führt, wird eine Geschichte daraus. Beispiel: *Der Unfallverursacher ist der geschiedene Mann der Frau.* Alte Konflikte kochen hoch und durchbrechen die Logik des Kausalen. Eine Geschichte lebt von diesem Spannungsfeld, in dem die Personen agieren. Wer wird am Ende gewinnen?

Oder anders ausgedrückt: Wenn Sie Minus- und Pluspol zusammenbringen, gibt es einen Kurzschluss. Schalten Sie eine Glühbirne dazwischen, geht das Licht an. Das ist die Geschichte. So hat es der Schriftsteller Peter Renz[32] in seinen Seminaren erklärt.

Eine Geschichte hat einen Anfang, einen Mittelteil und einen Schluss. Sie dreht sich immer um Konflikte, an denen Personen aktiv beteiligt sind. Diese setzen sich für ihre Ziele ein und verändern sich dabei.

---

32 Nach Peter Renz, aus dem Gedächtnis zitiert.

Sie haben bereits in den bisherigen Schreibimpulsen erprobt, wie Sie Ideen für eine Geschichte finden können. Hier eine weitere Möglichkeit.

Schreibimpuls (11)
Ideenkeime erkennen

Vorbereitung (1): Lassen Sie sich eine halbe Stunde über einen Trödelmarkt treiben. Sammeln Sie Dinge und Eindrücke. Notieren Sie alles, was Ihnen auffällt.

Vorbereitung (2): Entscheiden Sie sich für ein Fundstück. Es bildet das Kernwort für ein Clustering. Sammeln Sie zehn Minuten alles, was Ihnen einfällt. Versuchen Sie, sich den Gegenstand möglichst genau vorzustellen. Fühlen Sie sich in die Situation ein.

Eine Geschichte planen: Schauen Sie Ihre Notizen und das Clustering durch. Sie müssen und sollen nicht alles davon verwenden. Was *zupft* dich an, hat mein Schreiblehrer Paul Schuster mich immer gefragt. Worüber haben Sie Lust zu schreiben? Greifen Sie zu und skizzieren Sie Ihren Einfall auf einer halben Seite.

Auch kurze Texte haben einen Spannungsbogen. Hilfreich finde ich es, selbst bei kleineren Szenen mit der dramatischen Maus zu arbeiten.

Zeichnen Sie eine Maus von der Seite. Beginnen Sie vorne am Kopf, zuerst die Schnauze, dann beide Ohren und ein Auge. Es folgt der Bogen des Körpers, der die

Spannungskurve der Handlung zeigt. Nach dem höchsten Punkt, der sich etwas nach der Mitte befindet, fällt die Kurve ab und der Körper endet mit dem Hinterleib. Es fehlt nur noch der Schwanz. Fügen Sie vier Füße hinzu, damit Ihre Geschichte das Laufen lernt. Ein klassischer Dreiakter, den Sie aus dem Theater kennen, funktioniert wie eine dramatische Maus.

Hintergrund: Spannungsbogen

Am Anfang gibt es ein **Primärereignis**, das die Geschichte in Gang setzt, wie zum Beispiel ein Gewitter, Regen oder ein Unfall. Es hat nichts mit der Geschichte und den Figuren zu tun, sondern es passiert außerhalb.

Folgen Sie dem Bogen weiter, gibt es nach knapp einem Drittel den **ersten Wendepunkt**. Danach ist das Leben nie wieder so wie vorher für Ihre Figuren, die daran aktiv beteiligt sind. Denken Sie an einen ersten Kuss, wenn zwei sich verlieben.

Es folgt der **Höhepunkt** kurz nach der Mitte der Kurve. Die Ereignisse werden auf die Spitze getrieben.

Der abfallende Spannungsbogen beinhaltet den **zweiten Wendepunkt**. Geht es Ihrer Hauptfigur hier schlecht, gibt es ein Happy End, geht es ihr gut, endet die Geschichte nicht gut, so eine Faustregel. Der zweite Wendepunkt leitet die **Auflösung** der Geschichte nur ein, ist aber nicht identisch damit.

Überlegen Sie, wie sich Ihre Idee zu einer Geschichte entfalten könnte. Zeichnen Sie die Wendepunkte in Ihre Maus ein.

Lesetipp: Elias Canetti, Die gerettete Zunge [33]

Lesen Sie die erste Seite der Autobiografie bis zu der Stelle „… und es geschieht viele Male." Vollziehen Sie am Text nach, wie Canetti den Spannungsbogen aufgebaut hat. Können Sie die einzelnen Punkte benennen? Notieren Sie es sich. Seien Sie ehrlich mit sich selbst und lesen Sie erst anschließend die Auflösung nach.

Auflösung des Spannungsbogens bei Canetti: Das Primärereignis ist die Farbe rot. Der erste Wendepunkt ist der Satz, der zu dem Kind gesagt wird: „Zeig die Zunge." Das Kind wird danach nie wieder jemandem unbefangen die Zunge herausstrecken. Am Höhepunkt heißt es: „Jetzt schneiden wir ihm die Zunge ab." Schlimmer kann es nicht kommen, denke ich als Leserin, aber am zweiten Wendepunkt sagt die Stimme: „Heute noch nicht, morgen." Das schürt die Angst, hält sie am Leben bis zur Auflösung.

Wie aber können Sie in Ihre Geschichte, die Sie skizziert haben, einsteigen? Mit dem Ende!

John Irving hat 2010 in einem Spiegel-Gespräch auf die Frage, warum er stets mit dem letzten Satz beginnt,

---

33 Elias Canetti, Die gerettete Zunge, Frankfurt a. M., 1997, Seite 9; eine Leseprobe finden Sie im Internet.

gesagt: „Weil ich das Ende brauche, um anfangen zu können. Wenn du [...] den Ton des Endes hast, dann geht es dir wie mit dem Refrain eines guten Songs: Du bewegst dich darauf zu, du weißt, dass der Refrain kommt, und dieses Wissen gibt dir Selbstvertrauen." [34]

Beginnen auch Sie mit dem Ende. Es löst die Versprechungen des Anfangs ein. Sie haben verschiedene Möglichkeiten, prüfen Sie und loten Sie aus, welche Variante für Ihren Stoff passt:

- ein linearer Schluss, das heißt, die letzte Szene ist die Summe der Handlung, ob als Happy End oder Katastrophe;
- eine Kreisbewegung, das heißt, der Anfangspunkt ist auch sein Endpunkt;
- ein offener Schluss mit einer Überraschung oder verblüffenden Pointe.

Schreibimpuls (12)
Ende gut – alles gut

Schreiben: Entwerfen Sie drei mögliche letzte Sätze Ihrer Geschichte, die sich an die drei Varianten anlehnen. Es müssen keine ganz kurzen Sätze sein. Nehmen Sie Ihre Idee auf und lassen Sie sie mitschwingen.

Vorlesen: Lesen Sie die drei Sätze jemandem vor. Wählen Sie gemeinsam einen Schluss aus.

---

34 John Irving, Spiegel-Gespräch „Ich will mich fürchten", Spiegel 20/2010, Seite 146/147.

Warum *zupft* er sie beide an? Welche Gefühle sind damit bei Ihnen damit verbunden?

Lesetipp: Die Kurzgeschichte „Das Fenster-Theater"[35] von Ilse Aichinger zeigt gut, wie sich alles auf ein Ende zubewegt, das die Autorin vorher gekannt hat, möchte ich behaupten.

Kennen Sie den Schluss Ihrer Geschichte, kann die Handlung sich leichter fortbewegen. Sie folgt einem Pfad, den Sie ihr bereitet haben. Doch keine Sorge, Sie müssen nicht jede Einzelheit bereits am Anfang wissen. Sie schreiben auf das Ende zu. Ihr Schluss und der Beginn beziehen sich aufeinander. Sie sind zwei Seiten einer Medaille.

Hintergrund: Das Ende von Geschichten

„Das Ende eines Werks löst endgültig die Versprechungen des Anfangs ein. [...] Generell gilt, daß der Schluss sich nicht lange hinziehen darf und dass er ›logisch‹ sein muß, also die Entwicklung des Protagonisten, die Gesetze der Geschichte [...] und die Komposition ihrer Elemente sinnfällig abschließen sollte"[36], sagt Fritz Gesing.

Folgen Sie dem Schwanz Ihrer dramatischen Maus. Der Schluss ist nicht denkbar ohne den Höhepunkt und den

---

35 Ilse Aichinger, Das Fenster-Theater, in: Winfried Ulrich (Hrsg.), Deutsche Kurzgeschichten, 11.-13. Schuljahr, Stuttgart, 1973, Seite 10 ff.
36 Fritz Gesing, Kreativ schreiben, Handwerk und Techniken des Erzählens, Köln, 1994, Seite 151.

zweiten Wendepunkt. Und doch enthält er mehr, denn die Lösung wird in einer Kurzgeschichte nicht ausgesprochen. Sie endet mit einer überraschenden Wendung.

Nehmen Sie Ihrem letzten Satz, den Sie ausgesucht haben, und die Idee für Ihre Kurzgeschichte zur Hand. Fühlen Sie sich ein und erzählen Sie uns, wie alles begann.

Schreibimpuls (13)
Aller Anfang ist leicht

Schreiben: Entwerfen Sie zu Ihrem letzten Satz drei mögliche erste Sätze, die sich an das Ende anlehnen.

Vorlesen: Lesen Sie jemandem die drei Anfänge vor, und bitten Sie ihn darum, Ihnen zu sagen, welcher Anfang ihm am besten gefällt. Warum ist das wohl so? Nehmen Sie diesen Anfang für die weitere Arbeit.

Der Anfang einer Geschichte macht neugierig und zieht einen Leser in den Text hinein. Sie werfen die Angel aus und nehmen ihn an den Haken. Er merkt nicht, wie ihm geschieht, denn er hat längst weitergelesen und kann nicht davon lassen.

Hintergrund: Anfänge [37]

Wie beim Ende gibt es auch für den Anfang viele Wege:

- Beginnen Sie mit einem **Dialog**, sind die Leser sofort mitten in der Geschichte: Personen, Schauplatz und Konflikt zeigen sich in der wörtlichen Rede. Es entsteht ein subjektives Gefühl von Tempo.
- Sie können auch mit einer **Person** anfangen. Befindet sie sich in Gefahr? Zeigen Sie, wie sie reagiert, und die Leser erfahren etwas über ihren Charakter.

Stellen Sie Ihre Hauptfigur zu Beginn der Geschichte explizit vor, nennt man das **Shading**. Der Begriff geht auf Tolstoi zurück. Zeigen Sie eine Person mit unsympathischen Eigenschaften, die im Schatten liegen. Lesen Sie die folgenden Anfänge nach. Leseproben finden Sie im Internet.

Beispiel (1): „Im achtzehnten Jahrhundert lebte in Frankreich ein Mann, der zu den genialsten und abscheulichsten Gestalten dieser an genialen und abscheulichen Gestalten nicht armen Epoche gehörte." [38]

Beispiel (2): „Scarlett O'Hara war nicht eigentlich schön zu nennen ..." [39]

---

37 Nach Fritz Gesing, Kreativ schreiben, a. a. O., Syd Field et. al., Drehbuchschreiben für Fernsehen und Film, a. a. O. und David Lodge, Die Kunst des Erzählens, Zürich, 1993.
38 Patrick Süskind, Das Parfum, Zürich, 1994.
39 Margaret Mitchell, Vom Winde verweht, München, 2020.

- Theodor Fontane beginnt seinen Roman „Effi Briest"[40] mit einer **Kamerafahrt**. Er nähert sich dem Herrenhaus und nimmt die beiden Frauen, die davor sitzen, in den Fokus. Die Leser landen in einer Welt, die in Ordnung ist. Fontane charakterisiert die Hauptfigur Effi indirekt durch den Ort und durch das Milieu.

- Häufig wird am Anfang oder im Titel das **Thema** genannt, um das es gehen soll:
  Beispiel (1): „Das Parfum – Die Geschichte eines Mörders";
  Beispiel (2): „Ich bin nicht Stiller"[41];
  Beispiel (3): „Es war in jener Zeit, als ich in Kristiania umherging und hungerte ..."[42].

Im Dreiakter ist der Anfang die erste Phase der Handlung. Der erste Wendepunkt stellt die heile Welt auf den Kopf.

„Jeder originäre Anfang ist ein Versprechen, auch wenn das Versprochene noch so verschleiert ist"[43], sagt Dieter Wellershoff. Zu Beginn einer Geschichte legen Sie also die Situation fest. Doch dabei bleiben Sie nicht stehen, sondern treiben Sie den Konflikt des Anfangs im Mittelteil zum Höhepunkt.

40 Theodor Fontane, Effi Briest, verschiedene Ausgaben.
41 Max Frisch, Stiller, verschiedene Ausgaben.
42 Knut Hamsun, Hunger, verschiedene Ausgaben, verschiedene Übersetzungen.
43 Zitiert nach Fritz Gesing, Kreativ Schreiben, a. a. O., Seite 140.

Schreibimpuls (14)
Die Wahrheit liegt in der Mitte

Vorbereitung: Nehmen Sie Ihren letzten und den ersten Satz sowie Ihre Idee zur Hand.

Schreiben: Entwerfen Sie den Mittelteil Ihrer Geschichte und führen Sie ihn im Detail aus. Fangen Sie mit dem Besonderen an, und kommen Sie von dort zum Allgemeinen.

Natürlich können Sie Schluss und Anfang sowie Ihre Idee jederzeit beim Schreiben verändern. Wichtig ist nur: Schreiben Sie!

Wiederholen: Nehmen Sie noch einmal die Liste mit den Gegenständen vom Trödelmarkt zur Hand. Was *zupft* Sie an? Entwerfen Sie eine Idee und legen Sie dann Ende und Anfang fest. Schreiben Sie den Mittelteil und formen Sie den Text zu einer Kurzgeschichte.

Was Bilder, Ereignisse und Personen im Mittelteil in Übereinstimmung bringt, ist der Plot. Stellen Sie ihn sich als eine Kraft oder einen Klebstoff vor. Er durchdringt jede Seite, jeden Absatz und jedes Wort. Eine Geschichte besteht aus einer Chronik von Ereignissen, die aber plötzlich eine Wendung nehmen. Der Leser fragt sich: Was geschieht als Nächstes? Und warum? Die Kette aus Ursachen und Wirkungen setzt sich fort und erzeugt ein Muster. Der Plot beteiligt den Leser am Warum-Spiel und schält den Kern einer Geschichte heraus. Im Mittelpunkt stehen die Charaktere, die die Handlung in die Hand nehmen.

Hintergrund: Mittelteil

Nach Aristoteles

- bauen Sie in der Mitte den Spannungsbogen weiter auf;
- verfolgen Sie mit dem Text ein Ziel, das aus den Wünschen der Personen resultiert;
- konfrontieren Sie die Hauptfigur mit dem zweiten Wendepunkt;
- leiten Sie die Auflösung der Geschichte ein.

Wenn Sie im Mittelteil eine Einheit herstellen, haben Sie das Kernstück für den Plot: Ursache und Wirkung. Dies geschieht, weil jenes geschah und etwas in das Geschehen eintrat.

Eine Handlung erschafft ein Ganzes, das aus Anfang, Mittelteil und Schluss besteht.

Beispiel: Junge trifft Mädchen – Junge bittet Mädchen, ihn zu heiraten – Mädchen sagt ja. Ende der Geschichte.

Ist das interessant zum Erzählen? Ist das eine Geschichte? Nein, denn es fehlt ihr ein Konflikt. Dieser entsteht erst, wenn das Mädchen Nein sagt. Damit erschaffen Sie Gegensätze und fühlen sich in die Personen ein. Wie reagieren diese? Was unternimmt der Junge, um das Mädchen zu überzeugen?

Benennen Sie in Ihren Geschichten Ort, Zeit und Personen. Fühlen Sie sich in Ihre Figuren ein, vor allem in den Gegenspieler. Ein Bösewicht, der Nudelsuppe kocht, kann nicht böse sein. Oder?

Schreibimpuls (15)
Nudelsuppe kochen

Schreiben: Folgen Sie dem Impuls eine Viertelstunde und verfassen Sie einen Text. Seien Sie gespannt, wohin Ihr Sie Stift mitnimmt.

Hintergrund: Elizabeth George nennt diese Art von Handlung eine Geschwätz-Vermeidungs-Strategie (GVS)[44]. Wenn eine Figur Nudelsuppe kocht, offenbart es ihren Charakter, ohne dass ein Wort fallen muss.

Beispiele für GVS: Gewichtheben, auf einen Boxsack einschlagen, Schach spielen, rudern, am Auto schrauben, Haare färben, mit dem Hund spazieren gehen, Fenster putzen, Wäsche waschen, Cola trinken, Möbel umstellen, puzzeln, die Bettdecke frisch beziehen, Rasen mähen, stricken, Schuhe kaufen, staubsaugen, Muscheln suchen, Ameisen töten …

Wiederholen: Denken Sie an einen Menschen aus Ihrem Leben. Schreiben Sie ihm eine Ersatzhandlung zu und verfassen Sie einen kurzen Text. Damit haben Sie Material gesammelt. Verfremden Sie jetzt die Figur und gestalten Sie sie zu einem Charakter.

Eine Geschwätz-Vermeidungs-Strategie macht den Text schmackhaft und lockt uns an wie eine Schaufensterdekoration. Wir fragen uns, was es damit

---

44 Elizabeth George, Wort für Wort oder die Kunst ein gutes Buch zu schreiben, München, 2004, Seite 299 f.

auf sich hat. Im Hintergrund dient die Ersatzhandlung *höheren* Zwecken. Wir als Leser brauchen keine Erklärung, was die Figur verdrängt oder worüber sie sich freut. Bereits im Anfang einer Geschichte zeigt sich, ob diese auf einer starken Idee beruht. Was macht sie aus? Wenn ein Konflikt angelegt ist.

Hintergrund: Konflikte und ihre Struktur (1)

Eine Figur wird erst lebendig, wenn sie zu einer Entscheidung gezwungen ist. Wie im wirklichen Leben drückt sich Ihre Person davor. Es ist Ihre Aufgabe, sie an ihr Ziel zu erinnern. Das trifft auf Ihre Hauptfigur und auf den Gegenspieler zu. Der Protagonist verfolgt ein Ziel und will es erreichen. Der Antagonist versucht, dies zu vereiteln. Geben Sie ihnen innere Konflikte mit starken Gefühlen. Zeigen Sie, dass etwas auf dem Spiel steht.

Entwickeln Sie Empathie für das Dilemma, in dem sich Ihre Personen befinden. Kochen Sie Nudelsuppe. Spielen Sie.

Schreibimpuls (16)
Die Spieluhr zieht den Faden ein

Nehmen Sie den Impuls und folgen Sie ihm. Schreiben Sie zu den folgenden Fragen jeweils zehn Minuten:

Schreiben (1): Welche Melodie spielt die Spieluhr? Kennen Sie das Lied?

Schreiben (2): Wer hat am Faden gezogen und wer hört zu?

Schreiben (3): Wo befinden sich die beiden?

Schreiben (4): Wann spielt das Ganze?

Schreiben (5): Wie hat Figur 1 am Faden gezogen? Und wie hört Figur 2 zu?

Schreiben (6): Warum hat Figur 1 am Faden gezogen? Und warum hört Figur 2 zu?

Journalisten kennen die Fragen unter dem Titel *Die sechs großen* »W«[45]: Wer, was, wann, wo, wie und warum.

Lesen Sie Zeitungsartikel und prüfen Sie, ob alle Fragen berücksichtigt werden. Wenn nicht, überlegen Sie, warum wohl nicht.

Vor allem in Kurzgeschichten treten die Antworten auf die sechs Fragen nicht direkt auf und sind oft nur zu erahnen.

Hintergrund: Kurzgeschichte

- Springen Sie mit der Handlung mitten in eine Situation hinein;
- stellen Sie eine vorbereitete Überraschung an den Schluss;

---

45 Otto Schumann (Hrsg.), Grundlagen und Techniken der Schreibkunst, Handbuch für Schriftsteller, Redakteure und angehende Autoren, Bindlach, 2004, Seite 35 ff.

- geben Sie am Ende keine Lösung, machen Sie diese aber für die Leser vorstellbar;
- achten Sie darauf, dass sich durch die Handlung nur ein Motiv zieht;
- berücksichtigen Sie, dass sich Ihre Hauptfigur nicht grundlegend ändert;
- Sie können jeden Stoff verwenden, nutzen Sie den Alltag;
- lösen Sie alles in Handlung auf („Seine langen schmalen Finger zuckten über die Tischplatte." und nicht „Er hatte lange schmale Finger.");
- vermeiden Sie Äußerlichkeiten oder Zufälle. „Oder wie Tschechow es einmal ausgedrückt hat: Wenn in Ihrem Text ein Gewehr an der Wand hängt, muß es auch schießen."[46];
- geben Sie Ihrer Kurzgeschichte eine Grundstimmung;
- sorgen Sie für die Einheit von Zeit, Ort und Geschehen;
- bedenken Sie die symbolische Bedeutung von Dingen und Handlungen.

Bearbeiten Sie Ihre Texte aus dem Schreibimpuls (16) und gestalten Sie diese zu einer Kurzgeschichte. Beginnen Sie mit dem Schluss und legen Sie einen roten Faden aus, der Sie zurück zum Anfang führt.

---

46 Zitiert nach Reimer Eilers, Artisten auf dem Spannungsbogen – Schreiben als Handwerk, in: Imre Török, VS-Handbuch, Göttingen, 1999, Seite 307.

Zusammenfassung

Erkunden Sie die Motive der Personen aus Ihrer Biografie. Fühlen Sie sich ein in die Menschen hinter den Namen. Stellen Sie sich vor, wie sie anders reagieren könnten als in der Wirklichkeit.

Filtern Sie Kurzgeschichten aus dem Stoff Ihres Lebens heraus. Gehen Sie aber behutsam mit sich und den Personen um, die Sie kennen. Leben Sie die Geschichten aus Ihrem Leben nach, wie Fritz Gesing sagt. Sie können nicht detailgetreu abbilden, wie es war.[47]

Nehmen Sie sich nicht alles auf einmal vor. Teilen Sie Ihre Biografie in kurze Abschnitte und lassen Sie Lücken. Singen Sie das Lob des Quadratzentimeters.

Lernen Sie, das Gerüst eines Textes zu durchschauen. Geschichten werden gemacht, vom Ende zum Anfang.

Üben Sie im nächsten Kapitel weitere Regeln ein, nach denen Texte konzipiert werden. Nur, wer die Regeln kennt, kann sie auch brechen. Dafür stelle ich Ihnen Säge, Hobel und Feile zur Verfügung.

---

47 Nach Fritz Gesing, Kreativ Schreiben, a. a. O., Seite 100.

Kapitel 3: Säge, Hobel und Feile

Ein Handwerk zu erlernen, dauert in der Regel drei Jahre. Lassen Sie sich also Zeit. Überstürzen Sie nichts und vor allem, erwarten Sie am Anfang kein Meisterstück von sich. Gelingt Ihnen ein Text intuitiv gut, ist das fantastisch. Lernen Sie, es zu wiederholen.

Für das Geschichtenerzählen brauchen Sie handwerkliche Grundlagen:

- Aufbau, Grundstrukturen, Plot;
- Anfänge und Enden;
- Spannungsbogen;
- Rückblenden;
- Erzählstruktur und -perspektive;
- Konflikte und Konfliktstrukturierung;
- Personen und Dialoge, Charaktere;
- das sinnliche Schreiben;
- ...

Mit einigen Themen haben Sie in den beiden letzten Kapiteln bereits vertraut gemacht. Steigen Sie tiefer ein, denn zum Schreiben gehört auch der Umgang mit Säge, Hobel und Feile. Keine Angst, Ihr Text wird dadurch gewinnen. Das Handwerk des Schreibens können Sie lernen, und es kommt zunächst nur darauf an, dass Sie diese bewusste Kompetenz erwerben. Schreiben Sie, aber haben Sie Geduld mit sich selbst.

Sehen Sie sich noch einmal das Inhaltsverzeichnis I aus dem Schreibimpuls (3) an. Geben Sie jedem Kapitel einen Spannungsbogen mit Anfang, Mittelteil und Schluss. Denken Sie sich immer zuerst aus, wie ein Kapitel aufhört. Denn: Ende gut, alles gut. Folgt Ihr Gesamttext einem roten Faden? Wo brauchen Sie noch Stoff und wo hängt der Spannungsbogen durch? Wie viele Seiten möchten Sie schreiben? Orientieren Sie sich daran und bauen Sie den Text vom Ende her auf. Ergänzen Sie Ihre bisherige Kapitelliste und arbeiten Sie damit weiter.

Schreibimpuls (17)
Inhaltsverzeichnis II

Wählen Sie aus einem Kapitel zwei **Personen** aus, die Ihnen gut bekannt sind und die sich nicht leiden können. Wie ist es dazu gekommen? Beschreiben Sie beide: Statur und Kleidung, Rede und Gesten. Was nimmt jemand von außen wahr, der die Person nicht kennt? Verfassen Sie anschließend von jedem eine Innenansicht. Welche Ziele verfolgt die Person? Was treibt sie an? Wie denkt sie über Familie und Freunde? Schreiben Sie dann Person A das Innenleben von Person B zu und umgekehrt. Lassen Sie die beiden einander begegnen und erzählen Sie, wie sie sich gegenseitig erkennen.

Greifen Sie sich aus einem anderen Kapitel eine **Situation** heraus, in der sich zwei Personen, die sich längere Zeit nicht gesehen haben, miteinander unterhalten. Erzählen Sie kurz, wie die beiden zum Beispiel im Café sitzen. Plötzlich fällt der Satz: Weißt du noch? und setzt die Erinnerung in Gang. Sie springen mithilfe einer Rückblende in die Vergangenheit, schreiben eine ausführliche Szene und kehren am Schluss zurück ins Café. Was ist anders als am Anfang?

Welches Kapitel reizt Sie besonders? Gibt es einen Schauplatz, zu dem Sie lange schon einmal schreiben wollten? Fügen Sie Personen hinzu und statten Sie ihn mit Requisiten aus. Erzählen Sie ausführlich von den Kreuzmomenten, den **Wendepunkten**, an denen sich die Dinge verzahnen. Notieren Sie für sich, um welches Problem es geht. Wie können Sie es in die Handlung einbauen, ohne die Leser mit der Nase darauf zu stoßen?

Wählen Sie ein viertes Kapitel aus, das vor **Konflikten** strotzt. Entscheiden Sie sich für einen und stellen Sie ihn in den Mittelpunkt. Benennen Sie Hauptperson und Gegenspieler. Welche Typen, die zum Leben gehören, passen in das Kapitel? Erstellen Sie eine lange Liste, wen Sie jeden Tag auf der Straße treffen. Wer ist der Verbündete Ihrer Hauptfigur und wer ist Intrigant und schließt sich dem Gegenspieler an? Was sagt der scheinbar unbeteiligte Zeuge? Schreiben Sie eine Szene, und lassen Sie den Konflikt deutlich werden. Sagen Sie nicht direkt, worum es geht.

In welchem Kapitel eskaliert ein Konflikt? Treiben Sie die Spannung weiter auf die Spitze und verschärfen Sie die Gegensätze. Schüren Sie das Feuer und wärmen Sie sich. Stellen Sie Ihren Charakter auf die Probe, er muss sich bewähren. Wenn Sie einen inneren Konflikt zeigen, verrät das etwas über Ihre Person. Die Leser möchten mehr erfahren. Sie suchen in Geschichten auch nach Mustern für ihr eigenes Verhalten.

Hintergrund: Personen

James Frey sagt: „... was Holz für den Schreiner ist und was Ziegelsteine für den Maurer sind, sind die Figuren für den Schriftsteller."[48]
In Ihrem Leben begegnen Ihnen Menschen, Homo sapiens. Doch für Geschichten brauchen Sie den Homo fictus, wie James Frey es nennt. Er hat von allem ein bisschen mehr. Selbst wenn er einfältig, blass und langweilig ist, übertrifft er darin den Homo sapiens. Der Homo fictus ist immer fassbar. Er ist nicht glücklich und im nächsten Moment unglücklich. Er ist einfacher als ein realer Mensch. Wichtig sind beim Homo fictus seine Eigenschaften, die charakteristisch dafür sind, wie er mit seinen Schwierigkeiten fertig wird.[49]

---

48 James N. Frey, Wie man einen verdammt guten Roman schreibt, Köln, 1993, Seite 17.
49 Nach James N. Frey, Wie man einen verdammt guten Roman schreibt, a. a. O., Seite 17 ff.

Lesetipp: „Berlin Alexanderplatz" [50] von Alfred Döblin; lesen Sie nach, wie sich Franz Biberkopf am Anfang verhält. Die innere Stimme zeigt ihn mit Eigenschaften, von denen er sich nicht lossagen kann.

Personen reden mit sich oder mit anderen. Der Wille Ihrer Figur zeigt sich im Dialog. Er sollte konfliktreich, indirekt, farbig und geistreich sein.

Schreibimpuls (18)
Minidialoge

Vorbereitung: Denken Sie an zwei Menschen, die sich kennen und die Sie gut kennen. Welches Verhältnis haben sie zueinander? Lieben oder hassen sie sich?

Schreiben: Verfassen Sie einen Dramendialog (A: ...; B: ...; A: ...), in dem nur die wörtliche Rede zählt. Lassen Sie die beiden Personen miteinander sprechen, ohne ihr Verhältnis direkt zu (be)nennen.

Wiederholen: Suchen Sie sich zwei andere Figuren und üben Sie diese Art von Dialog ein.

Fragen Sie sich bei jeder Dialogzeile: Liegt ein Konflikt vor? Ist das abgedroschen? Kann das nicht besser indirekt gesagt werden? Ist die Zeile so geistreich und farbig wie möglich? Leben Ihre Figuren?

---

50 Alfred Döblin, Berlin Alexanderplatz, München, 1996.

Hintergrund: Dialoge (2)

„Und welches ist der Idealfall im Roman-Dialog? Wenn jeder gesprochene Satz das Geschehen weiterführt, unmerklich sich der Szenenstimmung einfügt und etwas von der ganzen Art des Sprechenden aufklingen lässt."[51]

Es gibt zahlreiche Möglichkeiten, Dialoge in einem Text einzusetzen:

* Ein Gespräch am Anfang zieht die Leser in die Geschichte hinein. Es macht die Handlung lebendiger.
Beispiel: „An Frau Hägele", sagte er zu seiner Frau, die auf dem Holzbock vor dem Marktstand eine Kiste mit Tomaten zurechtrückte, „sehe ich, wie die Zeit vergeht."
Da hängt der Leser schon am Angelhaken. Er will mehr erfahren, über die Welt, über die Personen und die Gesellschaft. Die Worte enthüllen die Charaktere und ihre Gefühle.

* Nebenrollen geben Ihrer Handlung eine besondere Würze. Die Auftritte sind kurz. Die Personen sagen ein paar Worte und schon verlassen sie die Bühne wieder. Zurück bleibt ein Klang, der nachhallt.

* Grenzen Sie Ihre Figuren voneinander ab. Nicht alle sollten sprechen wie Sie selbst. Sie können Berufsjargon einsetzen, einen flapsigen Stil verwenden oder im Teenager-Slang erzählen.

---

51 Otto Schumann, Grundlagen und Technik der Schreibkunst, a. a. O., Seite 116.

- Eine verbale Auseinandersetzung am Höhepunkt braucht Tempo. Greifen Sie auf eine Stakkato-Rede zurück. Hieb und Stich, Parade und Gegenangriff, wie beim Fechten.

- **Lesetipp**: Siegfried Lenz, „So zärtlich war Suleyken" [52]; der Erzähler charakterisiert die Figuren vor allem durch ihre eigentümliche Sprechweise.

Führen Sie sich die wörtliche Rede über Frau Hägele auf der letzten Seite noch einmal vor Augen. Welche Geschichte verbirgt sich im Hintergrund? Erstellen Sie zu Frau Hägele einen Steckbrief wie in einem alten Western. Sammeln Sie, was Ihnen einfällt.

Hintergrund: Steckbrief

- Gesicht und Gestalt (Körper)
- Kleidung (geschäftlich/privat)
- Familie und Herkunft
- Wohnung (Möbel, Bilder, Haustiere)
- Orte und Ortswechsel
- Bildungsweg
- Berufe und Berufswechsel
- Vermögensverhältnisse
- Marotten, Hobbys, Spiele
- Sätze (Aussprüche)
- Krankheiten
- Geruchs- und Hörerinnerungen

52 Siegfried Lenz, Masurische Geschichten, Frankfurt a. M., 1971.

Damit sich ein Leser von Frau Hägele ein Bild machen kann, müssen und sollten Sie den Steckbrief in der Handlung nicht komplett wiedergeben. Sehen Sie ihn als Arbeitsgrundlage. Überlegen Sie, welche Punkte Sie für die Handlung brauchen. Wählen Sie aus, was Sie als Material verwenden können.

Denken Sie über Ihr eigenes Leben nach. Verfassen Sie nach dem Beispiel im Schreibimpuls (19) einen Steckbrief von sich. Suchen Sie sich einige Leser. Geben Sie ihnen Ihren Steckbrief. Was gefällt ihnen spontan? Worüber möchten sie mehr wissen? Lassen Sie sich davon inspirieren.

Schreibimpuls (19)
Steckbrief – verkehrt

Beispiel: Geboren 1957. Ein guter Jahrgang. Aufgewachsen in einer norddeutschen Kleinstadt. Flucht aus dem Elternhaus mit siebzehn. Philosophie studiert. Mehrmonatige Reisen nach Finnland, Griechenland, Israel, USA/Kanada. Neigungen: Leben und Lieben. Joggen und Fahrradfahren in den Bergen. Tauchen und Tanzen. 1983 mit einer Liebe nach Stuttgart gekommen und aus Liebe zur Stadt geblieben. [53]

Schreiben: Studieren Sie das Beispiel und lehnen Sie sich daran an. Lösen Sie sich von den Vorgaben im Steckbrief und verfassen Sie über sich einen kurzen Text, der die Leser *anzupft* und sie neugierig macht.

---

53 Jutta Weber-Bock, unveröffentlicht.

Weiterarbeit: Gibt es Geschichten, die Sie immer wieder erzählen? Ergänzen Sie Ihren Text und bauen Sie einen Ausspruch ein.

Möchten Sie Ihren Text über sich selbst einer Öffentlichkeit zugänglich machen? So lange davon niemand sonst tangiert wird, scheint es unkritisch.

Bei Maxim Biller heißt es in seinem Roman „Esra" in der Vorbemerkung: „Die fiktiven Figuren dieses Romans sind angeregt durch reale Personen, aber nicht mit ihnen identisch."[54] Die „realen Personen" haben sich in den erwähnten „fiktiven Figuren" wiedererkannt. Der Roman wurde nach dem Erscheinen mit einer einstweiligen Verfügung belegt. Es durfte nur mit einer Reihe von Textauslassungen verkauft werden. Das Bundesverfassungsgerichts wies den Kunstanspruch letztlich ab.

Unverfänglicher scheint von vorneherein der Ansatz von Patricia Highsmith zu sein, die sagt: „Manchmal benutze ich eine Figur »aus dem wirklichen Leben« insofern, als ich die physische Erscheinung von jemandem nehme, der mir begegnet ist. Niemals habe ich beides zusammen benutzt, die physische Erscheinung und die Persönlichkeit von irgendjemand, den ich kannte, aber häufig habe ich das Äußere genommen und eine andere Persönlichkeit."[55]

---

54 Maxim Biller, Esra, Köln, 2003, Vorbemerkung.
55 Patricia Highsmith, Suspense oder Wie man einen Thriller schreibt, Zürich, 1990, Seite 41.

Gehen Sie vor, wie Patricia Highsmith es beschreibt. Versuchen Sie, Personen zu mischen wie die Karten in einem Spiel. Üben Sie es ein, wie Sie Menschen verfremden und aus ihnen Charaktere gestalten können.

Schreibimpuls (20)
Innen und Außen

Vorbereitung: Wählen Sie aus einem Kapitel Ihrer Autobiografie eine Person aus, die Ihnen gut bekannt ist. Die Figur sollte eine tragende Rolle spielen. Machen Sie sich kurze Notizen zur Außenansicht der Figur. Suchen Sie sich dann eine typische Situation und schildern Sie diese aus der Innensicht Ihrer Person. Erfinden Sie, was denkt und fühlt.

Schreiben: Schreiben Sie einen Text über die ausgewählte Situation und die Person.

Wiederholen: Wiederholen Sie die Übung mit zwei Personen. Verwenden Sie das Äußere der einen und fügen Sie das Innere der anderen hinzu. Schreiben Sie dann eine Szene, in der die von Ihnen neu kreierte Person handelt.

Hinweis: Von Zeit zu Zeit sollten Sie den Strom des Privaten unterbrechen. Streuen Sie die Zeitgeschichte als weitere Ebene ein. Mischen Sie Äußeres und Inneres. Schaffen Sie ein Gleichgewicht.

Lesetipp: Hermann Lenz zeigt in seinem Roman „Der Innere Bezirk"[56] wie der Erzähler von der äußeren Beschreibung seiner Figur Margot Sy nahtlos in deren Gefühle und Denken wechselt.

„Jedes literarische Werk steht und fällt mit der Glaubwürdigkeit seiner Figuren. [...] Nichts schien ein Mensch tun zu können, ohne sich dabei widersprüchlich zu verhalten"[57], sagt Lajos Egri. Das finden Sie auch bei Margot Sy im Roman von Hermann Lenz.

Bringen Sie zwei Personen in einer Handlung zusammen und lassen Sie die beiden miteinander reden, baut sich sofort eine Beziehung zwischen ihnen auf. Wenn Sie sich vorher nie begegnet sind, entspinnt sich ein neues Verhältnis. Falls sie sich kennen, spiegelt ihr Gespräch alte Muster wider.

In beiden Fällen offenbart sich ein Konflikt. Lassen sich Ihre Figuren nicht ein auf die Worte des anderen, zeigt dies mehr, als gesagt wird.

Schreibimpuls (21)
Aneinander vorbei

Vorbereitung: Wählen Sie aus Ihrer Autobiografie zwei Personen aus, die sich gut kennen wie zum Beispiel ein Paar beim Frühstück. Bringen Sie beide in solch einer gewöhnlichen Situation zusammen.

---

56 Hermann Lenz, Der innere Bezirk, Frankfurt a. M., 1993.
57 Lajos Egri, Literarisches Schreiben, Berlin, 2002, Seite 7.

Schreiben: Verfassen Sie einen Dramendialog von maximal zwei Seiten. Lassen Sie die Personen aneinander vorbeireden. Zum Beispiel könnte A sagen: *Das Ei ist zu hart geworden.* Und B könnte entgegnen: *Heute ist Vollmond.* Spinnen Sie das Gespräch weiter.

Vorlesen: Lesen Sie den Text jemanden vor, der keinen der beiden kennt. Kann derjenige nachvollziehen, um welches Problem Ihre Figuren herumreden?

Wiederholen: Probieren Sie es noch einmal mit zwei Personen, die sich nie begegnet sind. Wie ändert sich das Gespräch?

Grenzen Sie die Figuren voneinander ab, damit keine Widersprüche entstehen. Wie verhalten sie sich in der Regel? Und warum reagieren sie anders, wenn sie aufeinandertreffen? Wer von den beiden ist ausgleichend, wer eher streitsüchtig? Wann kippt die Geduld des einen und der Streit tritt offen zutage? Auf welche Seite möchten Sie die Leser ziehen? Ihre Vorliebe zeigt sich in den Worten der Personen.

Was Sie als Autorin oder Autor nicht selbst sagen wollen, können Sie eine Ihrer Figuren in den Mund legen. Versuchen Sie aber auch die anderen Optionen der Figurenrede.

Hintergrund: Figurenrede

1. **Direkte Rede** {Form: 1. Person, Indikativ}; Beispiel: „Ich muss eine Taxe haben. Ich darf nicht wieder zu spät kommen."
2. **Indirekte Rede** {Form: 3. Person, Konjunktiv I, ersatzweise Konjunktiv II}; Beispiel: Er sagte, er müsse eine Taxe haben; er dürfe nicht wieder zu spät kommen.
3. **Innerer Monolog** {Form: 1. Person, Indikativ}; Beispiel: Hoffentlich krieg ich ne Taxe. Bloß nicht wieder zu spät. In gesteigerter Form führt der innere Monolog zum Bewusstseinsstrom (**Stream of Consciousness**): Beispiel: Ich brauch ne Taxe. Schnell. Wie die alle geguckt haben. Ich darf nicht wieder ...
4. **Erlebte Rede** {Form: 3. Person, Indikativ, meistens Vergangenheit}; Beispiel: Er musste ne Taxe haben. Sofort. Durfte nicht wieder zu spät kommen. Bloß das nicht.

Sie können die Leser mit einer Figurenrede leicht in den Text hineinziehen. Gleiches gilt für das sinnliche Schreiben. Fügen Sie Hunger und Durst, Ekel und Lust hinzu. Aktivieren Sie Ihre Körpergefühle. [58]

Im Schreibimpuls (7) Lieblingsessen haben Sie das Schmecken erkundet. Es hängt eng mit dem Riechen zusammen. Sind Sie erkältet, mundet sogar Ihr Lieblingsgericht nicht. Und ist eine Speise verdorben,

---

58 Nach Karl Schuster, Das personal kreative Schreiben im Deutschunterricht, Hohengehren, 1997, Seite 79 ff.

warnt uns der Geruch davor, sie zu essen. Fordern Sie Ihren Geruchssinn heraus und konzentrieren Sie sich auf ihn.

Schreibimpuls (22)
Düfte und Gerüche

Vorbereitung: Gönnen Sie sich einen Besuch bei einem Bäcker mit einer eigenen Backstube. Schließen Sie die Augen und lassen Sie Düfte und Gerüche auf sich wirken.

Schreiben: Nehmen Sie einen ganz besonderen Duft oder Geruch als Anreiz für einen Text. Schreiben Sie maximal drei Seiten.

Wiederholen: Schnuppern Sie sich durch den Alltag, gehen Sie zum Metzger, auf den Wochenmarkt oder in einer Markthalle.

Hintergrund: Es ist bekannt, dass Schiller den Geruch fauler Äpfel brauchte, um kreativ zu sein. Er hatte sie in der Schreibtischschublade liegen. Goethe bekam davon Kopfschmerzen und erzählt in dem Text „Faule Äpfel"[59], wie es ihm bei einem Besuch bei Schiller ergangen ist.

„[Unser menschliche Geruchssinn] gilt als der animalistischste und ist darum der verachtetste unserer Sinne. Verkümmert ist er auch."[60]

---

59 Johann Wolfgang Goethe, Faule Äpfel, in: Rolf Brüggemann (Hrsg.), Das Schnüffelbuch, Stuttgart, 1995.
60 Dieter E. Zimmer, Die Macht der Witterung, in: Die ZEIT, 05. 05. 1997.

Das Riechen ist eng mit unseren Gefühlen verknüpft. Doch es herrscht ein Mangel an Ausdrücken für die vielfältigen Nuancen der Wahrnehmung. Wir sind auf Vergleiche angewiesen. Den Duft eines Parfüms können wir nur umschreiben. Blumig, frisch oder erotisch, heißt es auf der Packung.

Unsere Nase können wir zuhalten und durch den Mund atmen. Es ist nicht überliefert, ob Goethe es versucht hat. Sie müssen Luft holen und riechen, ob Sie wollen oder nicht. Anders ist es bei den Ohren. Wir können sie verstopfen, bis nichts mehr an Geräuschen zu uns und in uns dringt. Öffnen Sie sich, begeben Sie sich hinein in das Potpourri unserer Alltagsräusche.

Schreibimpuls (23)
Eine Stadt hört

Vorbereitung: Gehen Sie mit Notizblock und Stift eine halbe Stunde in Ihrem Wohnort spazieren. Sammeln Sie Höreindrücke.

Notieren Sie zunächst nur Stichworte. Schreiben Sie noch keinen Text. Fangen Sie auch Gespräche oder Dialogfetzen ein. Sprechen Sie mit niemandem, seien Sie ganz für sich und bei sich.

Schreiben: Suchen Sie sich einen Platz zum Schreiben. Verfassen Sie einen Text. Es müssen mindestens zwei Personen und ein Dialog darin vorkommen.

Wiederholen: Besuchen Sie Baustellen und machen Sie sich Notizen. Legen Sie sich ein Lärmlexikon an.

Gibt es Geräusche, die Sie mit einer Person verbinden? Bei offenem Fenster höre ich im Sommer nachmittags manchmal das schwere Schnaufen eines alten Hundes. Eine junge Frau zerrt ihn an der Leine hinter sich her. Er gehört ihrer Mutter. Ich habe mich umgehört.

Hintergrund: Der Ohrenzeuge

„Der Ohrenzeuge bemüht sich, nicht hinzusehen, dafür hört er umso besser. Er kommt, bleibt stehen, drückt sich unbemerkt in eine Ecke, schaut in ein Buch oder in eine Auslage, hört, was es zu hören gibt und entfernt sich unberührt und abwesend."[61]

Stellen Sie sich vor, Sie wären ganz auf den Hörsinn angewiesen. Lesen Sie nach bei Italo Calvino. Ein König darf seinen Thron nicht mehr verlassen und der Palast wird für ihn zu einem riesigen Ohr. Erst ein Liebeslied kann ihn aus seiner Paranoia holen.[62]

Sie haben beim Schreiben jetzt den Geschmack von Knoblauch auf der Zunge, frischgemähtes Gras kitzelt in Ihrer Nase und ein Liebeslied hängt Ihnen im Ohr.

---

61 Elias Canetti, Der Ohrenzeuge, Fünfzig Charaktere, Frankfurt a. M., 1983, S. 51 f.
62 Italo Calvino, Ein König horcht, in: Italo Calvino, Unter der Jaguar-Sonne, a. a. O., Seite 63 ff.

Doch was ist mit Ihren Fingerkuppen? Mit den Händen? Der Sinn, den ich selbst gerne vernachlässige, ist der Tastsinn. Tasten ist etwas Persönliches. Kinder begreifen so die Welt und eignen sie sich neben dem Schmecken durch das Tasten an.

Mich hat einmal ein blinder Schriftstellerkollege gefragt, ob er mein Gesicht abtasten dürfe. Er wolle sich eine Vorstellung von mir machen. Natürlich habe ich es ihm erlaubt. Es war ein ganz spezielles Gefühl und viel intimer als gedacht. Lassen auch Sie sich auf das Tasten ein.

Schreibimpuls (24)
Tastbiografie

Vorbereitung: Fertigen Sie auf einem großen Blatt ein Clustering mit dem Kernwort *Hand* an. Wie hat Ihr Tag begonnen und was haben Sie im Laufe der Stunden angefasst?

Folgen Sie Ihren Assoziationen und vertrauen Sie darauf, dass sich die Kette von selbst fortsetzen wird. Clustern Sie so lange, bis Sie das Gefühl haben, einen Schwerpunkt gefunden zu haben.

Schreiben: Entwerfen Sie einen Text und nehmen Sie alle Eindrücke aus dem Cluster auf. Lassen Sie den Leser teilhaben an dem, was Sie erfühlt haben.

Weiterarbeit: Legen Sie sich neben dem Lärmlexikon auch ein Tastlexikon an. Notieren Sie ein paar Tage alles, was Ihnen einfällt. Ergänzen Sie auch das Lärmlexikon.

Stellen Sie sich vor, wie Sie oder jemand, den Sie kennen, am Klavier sitzt und spielt. Die Finger huschen über die weißen und schwarzen Tasten. Die Töne perlen dahin. Doch plötzlich gibt es einen Missklang. Patrick Süskind erzählt in seiner Novelle „Die Geschichte von Herrn Sommer"[63] wie auf der Note Fis ein Rotzpopel der Klavierlehrerin klebt und der Junge falsch spielt, damit er nicht hineintappt. Wie geht es Ihnen bei dieser Beschreibung? Stellt sich der Ekel schon beim Lesen ein? Um dieses Gefühl und die Spannung zu steigern, arbeitet Süskind am Schluss der Szene mit der Zeitdehnung und bringt dabei das Tastgefühl in den Vordergrund.

Der Tastsinn steht im Mutterleib am Beginn der Entwicklung. Er ist nach der Geburt die erste Sprache, die wir erlernen. Ohne das Tasten ist auch Klavierspielen nicht denkbar. Beides öffnet den Raum für Kreativität.

Nehmen Sie sich ein wenig Zeit, legen Sie scheinbar eine kreative Pause ein und waschen Sie von Hand. Eine alte Tätigkeit, die so viel mehr bedeutet als die Handlung selbst. Denken Sie sich dabei von Außen nach Innen und wieder zurück.

---

63 Patrick Süskind, Die Geschichte von Herrn Sommer, Zürich, 1994, Seite 84 ff.

Schreibimpuls (25)
Handwäsche

Vorbereitung: Wählen Sie ein Kleidungsstück aus. Gehen Sie zu einem Waschbecken und waschen Sie es mit Ihren Händen.

Schreiben: Verfassen Sie anschließend einen kurzen Text. Erzählen Sie vom Waschen und von der Person, die wäscht. Welche Geschichte steckt in Ihrer Handwäsche?

Wiederholen: Waschen Sie Wolle, Seide oder Leinen. Wie fühlt es sich an? Fragen Sie sich, was macht einen Seidenstoff kostbar? Und warum ist Leinzeug aus kräftigen Fäden gewebt? Bauen Sie Ihre Notizen zu kurzen Geschichten aus.

Bei der Handwäsche sehen Sie, wie Ihre Kleidung genäht ist und welche Muster sie hat. Gleichzeitig erfahren Sie mehr über sich selbst. Der Kaiser im Märchen von Hans Christian Andersen erkennt den Betrug, wie ich beim Waschen von Wollsocken.

Beispiel: Schwedische Socken [64]

Vor zwei Wochen waren sie zu ihr gekommen, gut verpackt in einem wattierten Umschlag und zum ersten Mal gab es kein Weihnachtspapier. Auf einem weißen Kärtchen stand: Wenn deine Füße warm sind, kann dein Herz auch wärmer werden. Unterschrift: Björn. Er war zu früh

---

64 Jutta Weber-Bock, Electronic Harem, Stuttgart, 2015, Seite 88 ff.

dran in diesem Jahr und schickte keine Umarmungen und keine Küsse, nur dicke graue Socken, die an ihren Händen piksten und stachen. Sie würde sie als Zweitgarnitur über ihren Frotteestrümpfen tragen müssen. Beim letzten Telefongespräch hatte Björn erklärt, sie sei zwar eine gute Fernbeziehung, aber die nordischen Winter seien zu lang für die Einsamkeit. Im Frühjahr vielleicht wieder. Nur Wolle, die schon ihr Leben lang teuflisch gekratzt hatte, konnte ein so harmloses Grau haben. Das Wasser im Handwaschbecken war kalt, zu kalt für ihre Hände. Die Fingerkuppen schrumpelten beim ersten Eintauchen zusammen, aber für diese Socken war es genau richtig. Auf jeden Fall mussten sie vor dem ersten Tragen gewaschen werden. Sie vermied den Blick in den Spiegel, vor Weihnachten war er immer tödlich. Widerwillig lösten sich die Waschpulverkörnchen auf, ihre Finger rieben und rutschten, eine schmierige Angelegenheit. Sie schlug kleine Wellen, bis sich ein dünner Schaumfilm gleichmäßig über die Oberfläche verteilte. Dann klatschten die Socken ein Loch in den weißen Teppich und schwammen. Sie tunkte sie ein, hinunter bis auf den Grund. Fäden hingen zwischen den Fingern, und sie spürte die kleinen Löcher der vergangenen Jahre im Strickmuster. Langsam und nachdenklich begann sie zu kneten, ganz gleichmäßig mit beiden Händen. Dann hob sie den Kopf und schaute sich in die Augen. Grüngelb. Eine Raubkatze. Sich selbst zerfleischen oder mit anderen Fäden spielen. Das war hier die Frage. Nasse Socken wärmten kein Herz, dachte sie, und die Klumpen in ihren Händen verformten sich. Waren lästig und kratzten noch mehr als im trockenen Zustand. Ehrlich betrachtet, Auge in Auge, waren die Tage schon lange kratzig gewesen, Seidenschals und Kuschelpullis hatten nur darüber hinweggetäuscht. Im Spiegel rahmten rotblonde Locken ihr nicht gerade schmales Gesicht ein, vielleicht würde sie bis Weihnachten als Engel durchgehen. Sie ließ das Wasser ab und fuhr ein letztes Mal mit dem Finger die Maschen entlang. Dabei verhakte sich ein Nagel, er musste dringend geschnitten und glatt gefeilt werden. Sie drückte die Socken aus und spülte klar unter fließendem Wasser. Schwemmte das Kratzige weg, und durch das Fließen wurden endlich ihre Hände warm. Wenn Hände und Füße warm waren, nur dann konnte ihrem Herzen nichts passieren. Auch die deutschen Winter waren zu lang für die Einsamkeit. Für Engel sowieso.

Wäsche zu waschen dient zum einen der Reinigung, weist aber auch auf die Grundmuster des Lebens hin. Unsere Kleidung ist eine Hülle, eine Maske, hinter der wir uns verbergen.[65] Im Märchen von Hans-Christian Andersen „Des Kaisers neue Kleider" verliert der Kaiser seine Autorität, als das Sehen ins Spiel kommt und er seine Nacktheit nicht länger leugnen kann.

---

65 Nach: Clarissa Pinkola Estés, Die Wolfsfrau, München, 1993, S. 104 f.

Wir sind vor allem Augenmenschen. Für das Schreiben beobachten und sehen wir, halten Eindrücke fest. Doch *sehen* wir wirklich, was sich vor unseren Augen befindet? Kennen wir die Dinge beim Namen? Wenn wir *Blumen* oder *Bäume* sagen, zeigt sich uns kein Bild. Eine Vorstellung fehlt.

Nathalie Goldberg schreibt: „Wenn wir den Namen einer Sache kennen, bringt uns das dem Boden ein Stück näher. Es bläst den Nebel aus dem Kopf und verbindet uns mit der Erde."[66]

Erstellen Sie eine Liste von Katzenrassen. Vor welchen Hunden haben Sie Angst? Notieren Sie es. Was wächst in Ihrem Garten? Birke, Ahorn oder Tanne sind greifbarer als *Bäume*. Und wenn Sie statt *Blumen* Rosen, Forsythien und Astern sagen, wissen wir auch, in welcher Jahreszeit wir uns befinden.

Zeigen Sie eine Birke, die jeden Windhauch nutzt und ihre Blätter wie Locken schüttelt.

Seien Sie beim Schreiben genau und vertrauen Sie den Details. Kurze Gedichte wie zum Beispiel Haiku schulen Ihre Aufmerksamkeit.

Schreibimpuls (26)
Kurzgedichte

Vorbereitung: Greifen Sie in die Natur hinein und schreiben Sie eine Liste: Mond, Kirschblüte, Nebel, Kastanienbaum, Weinstock, Amsel ...

---

66 Nathalie Goldberg, Der Weg des Schreibens, a. a. O., Seite 104.

Schreiben: Suchen Sie sich einen Begriff heraus und verfassen Sie ein Haiku. Das ist ein japanisches Kurzgedicht, das aus drei Zeilen besteht und in der Regel 5/7/5 Silben hat. Im letzten Vers kommt eine überraschende Wendung vor. Seien Sie präzise. **Anmerkung:** Haiku sind keine Reimgedichte, normalerweise.

Hinweis: Sie haben ein Thema, egal, ob Sie auf den ersten Blick etwas damit anfangen können. Betrachten Sie es als eine Art Auftragsarbeit. Lassen Sie sich Zeit.

Wiederholen: Schreiben Sie jeden Tag ein Haiku. Lernen Sie sehen.

Beispiel: langsam verschleiert / sich das licht zum november / wege nebelweiß [67]

Sammeln Sie Details zu einem Schauplatz, zum Beispiel zur Flughafenbar in New York: ein rotierendes Coca-Cola-Schild, hohe rote Hocker … [68]
Fragen Sie sich aber, was ist Ihr Thema. Bleiben Sie dabei. Der Leser sollte sich nicht in den Einzelheiten Ihrer Geschichte verirren. Zwischen Genauigkeit und Übertreibung wandeln Sie auf einem schmalen Grat. Haiku können Sie erden.

Bitte denken Sie aber nicht, dass Sie in einer ersten Fassung die vagen Ausdrücke vermeiden können. Schreiben Sie und nehmen Sie beiläufig Notiz davon, wenn der Text unpräzise wird. Schreiben Sie weiter.

---

67 Jutta Weber-Bock, in: Poesie-Agenda 2024, Schwellbrunn, 2023, Seite 177.
68 Nach Nathalie Goldberg, Der Weg des Schreibens, a. a. O., Seite 68.

Setzen Sie Säge, Hobel und Feile erst in einem zweiten Schritt ein. Bleiben Sie auf der Seite der Genauigkeit und rufen Sie sich zurück, wenn Sie den Faden verlieren. Das gilt auch bei der Beschreibung von Personen. Wenige Sätze reichen.

Schreibimpuls (27)
Metaphorischer Schattenriss

Vorbereitung: Suchen Sie sich eine Person, die Sie gut kennen. Überlegen Sie, was wäre diese Person für ein Baum, eine Blume, ein Haus und was für ein Getränk? Nähern Sie sich auf diese Weise dem Charakter.

Schreiben: Schreiben Sie einen Text, maximal eine halbe Seite.

Beispiel: Als Baum ist er eine Pappel, die im Wind von der Zukunft flüstert, damit sie nicht abgeholzt wird. Bei Frauenschuh bleibt er stehen und kann niemals widerstehen. Als Haus ist er eine Fabrikhalle mit einer Dampfmaschine. Und am liebsten trinkt er Augustiner Bräu.[69]

Der Schreibimpuls geht zurück auf ein Ratespiel bei Partys.

Mich hat er an das heitere Beruferaten in der Show *Was bin ich?* mit Robert Lembke erinnert. Ihm lagen Metaphern und Ironie nicht fern:

---

69 Jutta Weber-Bock, Romanmanuskript, unveröffentlicht.

„Anerkennung ist eine Pflanze, die vorwiegend auf Gräbern wächst." [70] Ein Vexierbild, in dem jeder und alles versteckt sein kann und vielleicht auf dem Kopf steht?

Sammeln Sie, was verkehrt herum scheint. Halten Sie es fest. Legen Sie sich spätestens jetzt ein Notizbuch an. Sehen Sie es als Arbeitsmittel, es muss nicht schön, sondern praktisch sein.

70 Robert Lembke, Das Beste aus meinem Glashaus, Humoristisches und Satirisches, Frankfurt a. M., 2017, Seite 156.

Zusammenfassung

Schreiben hat immer mit Ihrer Person und Ihrer Stimmung zu tun. Sie können sich selbst nicht ausklammern. Nutzen Sie Ihre eigenen kleinen Kompetenzen und seien Sie achtsam mit sich. Selbstsorge schlägt sich positiv auf Ihre Texte nieder.

Wählen Sie Ereignisse aus Ihrem Leben aus und lassen Sie die Personen für sich selbst sprechen. Üben Sie es ein, ihnen die Sätze in den Mund zu legen. Skizzieren Sie Ihre Charaktere mit wenigen Worten und machen Sie den Konflikt deutlich.

Sie haben das sinnliche Schreiben intensiv erprobt und an Ihren Texten gefeilt. Seien Sie genau. Ihre Lexika zum Lärm und zum Tasten helfen Ihnen dabei. Sie können über alles schreiben, es kommt nur darauf an, wie Sie es darstellen.

Machen Sie sich das Notieren zur Gewohnheit und verlangen Sie sich nicht alles auf einmal ab. Durchforsten Sie von Zeit zu Zeit Ihre Aufzeichnungen nach Ideen für Geschichten.

„Halten Sie Ihre Hand in Bewegung"[71], wie Nathalie Goldberg sagt.

---

71   Nathalie Goldberg, Der Weg des Schreibens, a. a. O., Seite 31.

Kapitel 4: Die drei Muskeltiere

Ohne Personen können Sie keine Geschichte schreiben. Fügen Sie einen Konflikt und einen Schauplatz hinzu, an dem die Handlung spielt, ist es perfekt. Das sind Ihre drei Muskeltiere, auf die Sie nicht verzichten können, wenn Sie erzählen. Zeichnen Sie Ihre Charaktere schwarz und weiß und mischen Sie sich Grautöne. Steigen Sie auf den Zauberberg und füllen Sie Ihren Einkaufskorb. Was legen Sie hinein? Stellen Sie Gegenstände in den Mittelpunkt des Erzählens. Ziehen Sie weiße Handschuhe an und fühlen Sie sich vornehm oder wie ein Clown. Welche Bilder steigen aus dem Gedächtnis in Ihnen auf? Entwerfen Sie einen Ort, an dem Sie noch nie waren und niemals sein können, es sich aber immer vorgestellt haben. Setzen Sie sich auf Ihren Zauberteppich und fliegen Sie zu neuen Erzählwelten.

Schreibimpuls (28)
Möbelstücke

Schreiben (1): Schreiben Sie zunächst drei Minuten zum Stichwort *Sofa*.

Schreiben (2): Setzen Sie neu an und schreiben Sie drei Minuten zum Stichwort *Glastisch*.

Schreiben (3): Schreiben Sie einen dritten Text, drei Minuten zum Stichwort *Drehhocker*.

Bearbeiten (1): Ordnen Sie jedem Möbelstück eine Person zu. Machen Sie sich jeweils ein paar Notizen.

Bearbeiten (2): Wo befinden sich Sofa, Glastisch und Drehhocker? Beschreiben Sie jeden Schauplatz mit ein paar Sätzen.

Bearbeiten (3): Wie stehen Sie selbst zu den Möbeln und was denkt Ihre Person darüber? Suchen Sie kleine Irritationen und bauen Sie diese zu einem Konflikt aus.

Gestalten: Wählen Sie ein Möbelstück aus. Fügen Sie die Person und den Konflikt hinzu. Schreiben Sie eine kurze Geschichte und stellen Sie den Gegenstand in den Mittelpunkt.

Anregung: Welche Möbel haben für Sie in Ihrem Leben eine zentrale Rolle gespielt? Gab es eine Wäschetruhe, in der Sie sich als Kind versteckt haben, oder einen Polsterstuhl mit Lehnen, der Ihr Haus war? Schreiben Sie dazu.

Der Gegenstand ist wie eine Tür, die Sie in eine Geschichte führt. Zum Stichwort *Sofa* habe ich Ihnen einen meiner Kurzkrimis mitgebracht. Lesen Sie den Anfang.

Beispiel: Das rote Sofa [72]

Mit einem Finger strich sie über den flauschigen Samt des Sofas und kuschelte sich in die Ecke. Heute wollte sie Simon endlich fragen. Wo er nur blieb? Er wollte sich partout nicht auf einen bestimmten Tag und nicht auf eine Uhrzeit

---

72 Jutta Weber-Bock, Das rote Sofa, in: Schwabens Abgründe, Hrsg. Mareike Fröhlich und Maribel Añibarro, Tübingen, 2021, Seite 121 ff.

festlegen. Aber heute war Dienstag, da kam er meistens vorbei. Sie streichelte die Lehne und streckte sich lang aus. Ihre Füße zuckten unkontrolliert. Abrupt setzte sie sich hin und wippte auf und ab, aber das Sofa war zu hart. Es nutzte nichts, sie war und blieb allein.

Sie kratzte mit den Fingernägeln über den roten Samt und strich den Stoff mit der Hand glatt. Sie hätte Simon damals gleich wieder rauswerfen sollen.

„Wie bürgerlich! Das passt nicht zu dir!" Mit dem Finger hatte Simon auf ihr Sofa gezeigt, als er zum ersten Mal ihr winziges Wohnzimmer am Marienplatz unter der Dachschräge betreten hatte. „Entschuldige. Das ist mir gerade so rausgerutscht. Weinroter Samt. Die ganze volle Bourgeoisie. Das würde mein Vater auch heute noch sagen. Recht hat er, zumindest damit. Er hat neben Dutschke gestanden, als sie auf ihn geschossen haben. Jetzt weißt du alles von mir."

Sie hatte den Kopf geschüttelt. „Ohne das Sofa bin ich nicht zu haben. Es ist von meiner Großmutter, und ich liebe es. Es ist urgemütlich und absolut vintage. Damit weißt auch du alles von mir. Nimm doch Platz!"

Lassen Sie in Ihren Texten manches im Dunkeln. So erzeugen Sie Spannung. Zeigen Sie nicht alle Aspekte auf einmal.

96

Versuchen Sie sich an einer solchen Hell-Dunkel-Malerei. Diese wird im Französischen auch *Clair-obscur* genannt.

Schreibimpuls (29)
Chiaroscuro

Sammeln: Gehen Sie durch die Stadt, einen Park oder in ein belebtes Einkaufszentrum. Notieren Sie sich Typen, die Ihnen auffallen.

Schreiben (1): Stellen Sie sich vor, eine Figur ist ein durch und durch guter Mensch. Skizzieren Sie diese kurz von ihrem Äußeren her und geben Sie ihr nur positive Charaktereigenschaften.

Schreiben (2): Suchen Sie sich eine andere Figur. Geben Sie ihr nur negative Eigenschaften. Gestalten Sie diese Person als ganz und gar böse. Wie bildet sich dies in ihren Äußeren ab?

Bearbeiten: Mischen Sie nun die Wesenszüge der beiden Personen. Statten Sie jede mit positiven und negativen Seiten aus. Sie werden merken, wie Ihre Figuren auf einmal ein Geheimnis umgibt. Lassen Sie es im Dunkeln. Sprechen Sie es nicht aus.

Entscheidend für das Handeln Ihrer Figuren ist auch die Umgebung, in der sie sich befinden. Und je nach Jahreszeit fällt die Hell-Dunkel-Malerei anders aus. Folgen Sie mir in einen Junimittag in der Bretagne.

Beispiel: Wolfgang Haenle, chiaroscuro [73]

ein schattenwurf geschärft vom junimittag
auf deiner mütze widerhaken. glieder verknotet
warum sich eine jungfrau auf ihren eigenen schatten
setzt. dich kitzelt. frische seeluft kann es nicht sein
sie bremst die hecke. die eingeklappten flügel
eine quelljungfer. keine fliege weit und breit nur
ausgefeilte formen. verzierte attitude. ein schauspiel
und ein drama. alle ahnen sonnen sich. ihr könnt euch
nie begegnen aug in aug. den anderen atmen hören
oder miteinander reden. auf einem foto später
nur die libelle. deine baseballmütze
du wirst mir sagen. obdach für eine jungfrau
und du bist froh um jeden widerhaken

Die Libelle sitzt auf ihrem Schatten und wirft ihn weit voraus. Verharren auch Sie für einen Moment und überlegen Sie, wie Sie Hell-Dunkel-Malerei in Ihrem Text zur Geltung bringen könnten. Welche Teile des Zimmers bleiben im Dunkeln, und wo leuchten Sie, wie Thomas Mann im Zauberberg, eine Landschaft aus?

Schreibimpuls (30)
Der Zauberberg

Vorbereitung: Lesen Sie den Anfang des Romans „Der Zauberberg"[74] von Thomas Mann.

---

73 Wolfgang Haenle, chiaroscuro, in: Versnetze_sechs, Deutschsprachige Lyrik der Gegenwart, Hrsg. Axel Kutsch, Weilerswist, 2013.

74 Thomas Mann, Der Zauberberg, verschiedene Ausgaben, Erstes Kapitel, Ankunft; eine Leseprobe finden Sie im Internet.

Die Zugfahrt verbindet Landschaft und Figur miteinander.

Sammeln: Nehmen Sie die Textstelle als Anregung. Machen Sie sich Notizen zu einem Ort, an dem sich eine Ihrer Figuren aus dem Schreibimpuls (29) befindet.

Bearbeiten: Bringen Sie die Person und den Schauplatz zusammen und schaffen Sie wie Thomas Mann eine Beziehung zwischen ihnen.

Stecken Sie den Rahmen für Ihren Schauplatz zu Beginn des Schreibens ab. Sollten Details fehlen, können Sie nachrecherchieren.

Hintergrund: Schauplatz/Checkliste (1)

- Wie können Sie dem Schauplatz eine Atmosphäre verleihen? Wofür steht er?
- Welche Stimmungen und Gefühle ruft ein Schauplatz hervor? Spricht er die Sinne an?
- Wie offenbart der Schauplatz den Charakter einer Person? Durch den Ort stellen Sie auch dar, wer die Figur ist.
- In welcher Landschaft ist der Schauplatz angesiedelt? Suchen Sie Details und gestalten Sie ihn authentisch.
- Gibt es reale Orte, die als Vorlage für den Schauplatz dienen? Benennen Sie diese für sich.

Ihre Charaktere und die Schauplätze können aber erst zusammen mit Konflikten ihre Muskeln spielen lassen.

99

Als Trio sind sie unschlagbar. Greifen Sie hinein in den Korb, der viel mehr als nur Dinge enthält, die Sie sammeln. Geben Sie ihnen eine Bedeutung.

Schreibimpuls (31)
Einkaufskorb

Vorbereitung: Nehmen Sie einen Korb und gehen Sie wie Rotkäppchen durch den Wald.

Sammeln: Legen Sie Tannen- oder Kiefernzapfen, Steine oder Äste, vertrocknete Blätter oder Federn in den Korb. Reißen Sie keine Pflanzen ab, achten Sie den Wald als Lebensraum für Pflanzen und Tiere. Sagen Sie bei jedem Gegenstand laut: Das ist für ... die Ohrfeige von Opa, darin wohnt das Schweigen meiner besten Freundin, hier scheint das Lächeln der Nachbarin ... Verbinden Sie den Gegenstand mit einer Person und einem Konflikt, das kann auch ein innerer Zwiespalt sein. Denken Sie sich den Schauplatz dazu.

Schreiben: Suchen Sie sich einen Gegenstand aus, zum Beispiel die glänzende Kastanie, und schreiben Sie auf, an was Sie sich erinnern. Ich denke an eine alte Freundin, die Kastanien immer auf ihrem Schreibtisch liegen hatte. Bewegen Sie sich dicht am Schmerz und der eigenen Scham entlang. Reflektieren Sie Ihr eigenes Tun im Text und beziehen Sie den Prozess der Erinnerung ein. Kehren Sie nichts unter den Teppich.

Lesetipp: Eva-Christina Zeller, „Unterm Teppich, Roman in 61 Bildern"[75]; die Autorin pflückt Erinnerungen aus ihrem Leben und arrangiert sie zu einem ironisch-poetischen Kaleidoskop; „Schlüssellochgeschichten, die so noch nie erzählt wurden", wie es im Klappentext heißt.

Hinweise: Durch die französische Schriftstellerin und Nobelpreisträgerin Annie Ernaux ist das autofiktionale Schreiben ins Bewusstsein gerückt. Ernaux sagt, es sei ihr darum gegangen, „nach einer Wahrheit über meine Mutter zu suchen, die nur durch Worte gefunden werden kann."[76]

Marie Luise Kaschnitz hat sich immer als ewige Autobiografin bezeichnet. Etwas muss in einem lebendig sein, so ihre Worte. „Gesichter, Gestalten und Stimmen [...], die nun heraufdrängen, obwohl sie im wirklichen Leben, in unserer Erfahrung, vielleicht ganz andere Rollen verkörpert haben. [...] Etwas soll gesagt werden, und schon bieten sich lebendige Menschen als Blutspender an."[77]

75 Eva-Christina Zeller, Unterm Teppich, Roman in 61 Bildern, Tübingen, 2022.
76 Annie Ernaux, Eine Frau, Frankfurt a. M., 2020, Seite 19.
77 Marie Luise Kaschnitz, Gesammelte Werke, Zweiter Band, Die Autobiographische Prosa I, herausgegeben von Christian Büttrich und Norbert Miller, Wohin denn ich, Aufzeichnungen, Frankfurt a. M., 1981, Seite 414 und 528.

Gehen Sie auf eine innere Reise. Was wünschen Sie sich? Aristoteles hat gesagt, dass sich eine Figur entweder nach Glück oder Unglück sehnt. Welche Absicht verfolgen Sie? Gehen Sie dem nach. Sammeln Sie Ideen. Wie beim Clustering können Sie auch mit der folgenden Methode Einfälle sammeln und bündeln.

Steinbruch: Ideen sammeln

Sammeln: Sehen Sie sich das Beispiel auf der nächsten Seite an. Notieren Sie Stichworte zu den Überschriften.

In welchen Wohnungen haben Sie sich zu Hause gefühlt? Gibt es Spielzeuge, mit denen Sie nicht spielen durften? Sie müssen nicht alle Kästchen ausfüllen.

Schreiben: Lassen Sie sich von jemandem spontan ein Stichwort unterstreichen und schreiben Sie einen Text.

Wiederholen: Den Steinbruch habe ich oft ausgefüllt, wenn ich mich neu verorten musste. Ich habe aufgesammelt, was auf dem Boden lag und manchmal auch einen kleinen Hammer genommen, um mir Brocken abzuschlagen. Jedes Mal ergab sich ein anderer Blick auf das Hier und Jetzt. Mein Schreiblehrer Paul Schuster hat diese Methode *Fischteich* genannt. Ich finde es eine schöne Metapher dafür, wie wir uns Themen aus dem Leben angeln können.

Fragen Sie sich: Schreiben Sie für andere? Wollen Sie das? Jetzt? Wie tief? Was bleibt persönlich? Was möchten Sie öffentlich machen? Und wie können Sie die persönliche Erfahrung in einen literarischen Text umwandeln und sie so von der eigenen Person ablösen?

Beispiel für einen Steinbruch

Wohnungen	Möbel	Kleidung	Spielzeuge

Wasser	Feuer	Luft	Holz

Familie	Gott, Kirche	Kindheit	Freunde

Düfte	Geräusche, Lärm	Farben	Essen, Trinken

Tiere	Bäume	Blumen	Steine

Ungeziefer	Verspätung	Wege	Fenster

Frönen Sie nach Herzenslust Ihrer Sammelleidenschaft. Klettern Sie im Steinbruch herum. Vertrauen Sie darauf, dass sich die Dinge von selbst sortieren werden. Tauchen Sie ein. Denken Sie sich Geschichten über sich selbst aus. Schreiben Sie Ihre Erinnerungen um.

Schreibimpuls (32)
Weiße Handschuhe

Sammeln: Gehen Sie in den Steinbruch. Lassen Sie alles zu, was Ihnen in den Sinn kommt. Dazu gehören auch Erzählungen oder Situationen, die Sie beobachtet haben.

Schreiben: Was *zupft* Sie an aus Ihrer Sammlung? Suchen Sie sich etwas heraus und schreiben Sie dazu einen Text. Es muss keine Geschichte sein, folgen Sie Ihren Assoziationen.

Bearbeiten: Welche Personen haben sich in den Text hineingemogelt, die es in der Realität gar nicht gibt? Was wurde in Ihrer Familie zum Beispiel über die Stiefel Ihres Vaters oder die Handschuhe der Großmutter erzählt? Erinnern Sie sich selbst? Oder haben Sie die Worte der anderen im Ohr?

Quelle: Auf diesen Schreibimpuls hat mich John Kotre mit seinem Buch „Weiße Handschuhe"[78] gebracht.

Dem Steinbruch ist bei mir meine Großmutter entstiegen. Sie sitzt auf einer Parkbank und steckt in

---

78 John Kotre, Weiße Handschuhe, a. a. O.

einem blauen Sonntagskostüm. Auf den weißen Locken thront ein kleiner runder Hut. Ihre Hände liegen im Schoß. Sie trägt Handschuhe – weiße Handschuhe. Ich habe der Versuchung widerstanden und nicht nach dem Foto gesucht, an dem meine Erinnerung klebt. Ich möchte mich nicht enttäuschen.

Wie viel schöner ist es, den Text des Lebens umzuschreiben als ihm seinen Zauber zu nehmen. Die Erinnerung narrt uns und lässt nur bestimmte Gedächtnisbilder zu, wie John Kotre es sagt.

Meine Großmutter habe ich von außen beschrieben. Wie auf dem Foto, das ich vor Augen habe. Sie können Personen aber auch anders greifbar machen.

Hintergrund: Darstellung von Personen

- **Der direkte Weg:** Schildern Sie als Erzählerin oder Erzähler die Figur aus Ihrer Sicht, wie ich bei meiner Großmutter. Wie sieht Ihre Person aus? Gibt es bestimmte Wesenszüge, die sofort ins Auge fallen? In welcher Situation befindet sie sich?

- **Der indirekte Weg:** Sie können eine Figur auch aus zweiter Hand beschreiben. Lassen Sie im Dialog zwei Personen über eine dritte sprechen. Wer entlarvt wen?

- **Monologmethode:** Stellen Sie Ihre Figur vor den Spiegel. Sie betrachtet sich und redet stumm mit sich. Dabei enthüllt sie sich selbst.

- **Handlungsmethode**: Bringen Sie Ihre Figur in eine Situation, die sie nicht mag, und zwingen Sie sie zum Handeln.
- **Umfeldmethode**: Geben Sie ihrer Figur eine Herkunft. Besitzt sie viel Geld und findet ihr Glück doch ein Leben lang nicht? Wie wurde sie erzogen? Kämpft sie mit ihrem Schicksal? In der Vorgeschichte Ihrer Figur liegt oft der Keim für Motive und Charakterzüge.

Mit der Zeit erdichten wir uns beim Schreiben einen Mythos. Wir ringen dem Stoff unseres Lebens einen Sinn und vor allem Bedeutsamkeit ab. John Kotre beschreibt diesen Prozess sehr eindrücklich. Schaffen auch Sie sich eine eigene und doch fremde Welt. Tauchen Sie ein.

Schreibimpuls (33)
Muschelwelten

Vorbereitung: Falls Sie keine Muscheln zur Hand haben, gehen Sie in ein Fischgeschäft oder auf einen Trödelmarkt und sehen Sie dort um. Woher kommen die Muscheln?

Schreiben (1): Entwerfen Sie eine fremde Welt und beginnen Sie, mit einer Stimme von außen zu erzählen. Beispiel: „Raumschiff Enterprise"[79]; jede Folge beginnt mit den Worten:

---

79 Quelle: http://www.fernsehlexikon.de/1090/raumschiff-enterprise/

„Der Weltraum, unendliche Weiten. Wir schreiben das Jahr 2200. Dies sind die Abenteuer des Raumschiffs Enterprise ..."

Versuchen Sie sich an einer ähnlichen Stimme. Schreiben Sie zehn Minuten.

Schreiben (2): Nehmen Sie eine Landschaft aus Ihrer Welt in den Fokus. Erzählen Sie auch von diesem konkreten Schauplatz weiter mit einer auktorialen Stimme und schreiben Sie noch einmal zehn Minuten. Behalten Sie die Muscheln im Fokus. **Beispiel:** John Steinbeck, „Von Mäusen und Menschen" [80], der am Anfang eine Flusslandschaft in den Fokus nimmt, sich dann einem Pfad zuwendet und schließlich bei zwei Männern landet.

Schreiben (3): Wer sammelt die Muscheln auf? Warum ist die Person an den Muscheln interessiert? Nehmen Sie sie genauer in den Blick. Sie können weiter auktorial erzählen oder in die personale Erzählhaltung wechseln. Schreiben Sie wieder zehn Minuten.

Schreiben (4): Welche Muschel behält Ihre Figur für sich? Welche verschenkt er oder sie? Und an wen? Erzählen Sie jetzt mit einer personalen Stimme und schließen Sie den Text mit einem kurzen Dialog ab, der einen kleinen Konflikt offenbaren sollte. Schreibzeit zum Schluss erneut zehn Minuten.

---

80 John Steinbeck, Von Mäusen und Menschen, München, 1987.

Ihre Landschaft gehört zu einer Welt. Dabei gibt es einen Gesamtschauplatz, aber Sie brauchen auch für jede Szene einen Ort. Fragen Sie sich, an welchem Platz soll sich das Geschehen abspielen? Hier eine zweite Checkliste zum Schauplatz.

Hintergrund: Schauplatz/Checkliste (2)

- Reale Welt? Science-Fiction? Fantasy? Zeitalter? Geschichte?
- Menschen? Tiere? Pflanzen? Ernährung? Fortpflanzung? Kindererziehung? Glauben?
- Landschaft? Geografie? Stadt oder Land?
- Politisches System? Gesellschaftsordnung? Moral? Gleichberechtigung?
- Wirtschaft? Sind die Menschen arm oder reich? Wie ist die Stimmung im Land?

Wie aber verhält es sich mit der Zeit in der Geschichte? Diese brauchen Sie zum Erzählen wie die Luft zum Atmen.

Versuchen Sie sich wie Vladimir Nabokov an einem Mosaik aus Erinnerungen. Er beschwört die Landschaft seiner Kindheit herauf, in der die Zeit für das Kind noch zeitlos schien. Auf der Jagd nach seltenen Schmetterlingen ist es dem Zauber verfallen.

Schreibimpuls (34)
Der Zauberteppich

Zitat: „Ich gestehe, ich glaube nicht an die Zeit. Es macht mir Vergnügen, meinen Zauberteppich nach dem Gebrauch zusammenzulegen, dass ein Teil des Musters über dem anderen zu liegen kommt."[81]

Schreiben: Folgen Sie dem Zitat und falten Sie Ihren Zauberteppich, wie Sie es nie gewagt haben. Bringen Sie die Leser zum Stolpern. Nehmen Sie Person, Schauplatz und Konflikt aus dem Schreibimpuls (33). Stellen Sie sich vor, wie die drei Muskeltiere schräg und schief aufeinanderzuliegen kommen und neue Beziehungen eingehen. Schreiben Sie dazu.

Bearbeiten: Sehen Sie den Text durch und versehen Sie diesen an möglichst vielen Stellen mit sinnlichen Eindrücken. Suchen Sie wie Nabokov den feinen Duft von Schmetterlingsflügeln, der je nach Art verschieden ist. Riechen Sie Vanille, Zitrone oder Moschus? Hören Sie das Krächzen einer Krähe oder das Hupen von Autos? Wie schmeckt die Luft? Nach Regen oder Sommerhitze? Woran erinnern Sie sich? Geben Sie dem Text eine persönliche Note und seien Sie genau.

---

81 Vladimir Nabokov, Erinnerung, sprich, Reinbek bei Hamburg, 1991, Seite 186.

Ihr Zauberteppich kann die Ordnung der Dinge aufheben, die deshalb nicht weniger wahr sind. Es kommt einzig auf ihre Verdichtung an. Die Fahrpläne passen nicht zu den Landkarten. Kümmern Sie sich nicht darum. Lassen Sie einen blauen Elefanten fliegen, wie einer meiner Teilnehmer.

Seien Sie trotzdem genau und geben Sie den Dingen einen Namen, wie Nathalie Goldberg es sagt. Das Wort *Taubenenten* zergeht auf der Zunge und bei *Wasserhühner* tauche ich ein in den See. Für sich betrachtet, ergeben viele Ereignisse keinen Sinn. Erst zusammen mit anderen Dingen und in der Rückschau erfassen wir, was passiert ist.

Prüfen Sie Ihre Erinnerungen nach und trauen Sie sich, diese auf den Kopf zu stellen. Dabei können sich neue Türen öffnen. Ihr Text wandelt sich und macht eine Metamorphose durch. Seine alte Gestalt legt er aber nicht ab. Er erinnert sich wie die Libellen, die frisch geschlüpft ihren Eltern ähneln.

Zusammenfassung

Ich habe Sie am Anfang zu einer Lehrzeit animiert. Das Handwerk des Schreibens haben Sie in diesem Kapitel mit den drei Muskeltieren weiter erprobt. Sie können Personen skizzieren und diese an einen Schauplatz stellen. Und Sie wissen, wie sich im Handeln die Konflikte zeigen. Es ist wichtig, ein Handwerk zu erlernen, doch vergessen Sie es, wenn Sie neu mit einem Text beginnen. Steigen Sie von Zeit zu Zeit auf Ihren Zauberteppich.

Erinnern ist ein altes Menschheitsthema. Denken Sie an Höhlenzeichnungen, die zum Teil mehr als 50.000 Jahre alt sein sollen. In den Malereien scheint Erlebtes durch, vermischt mit Träumen und Wünschen.

Fritz Gesing sagt: „Der kreative Prozess [...] verläuft über weite Strecken un- oder halbbewusst und zeichnet sich durch laufende Rückkopplungen und häufiges Oszillieren zwischen rational gesteuerter Arbeit und inspirativen Eingaben aus."[82]

Dieser Arbeitsprozess kann auch durch das Clustern unterstützt werden. Der Steinbruch bringt Sie ebenfalls auf neue Ideen.

Das Hier und Jetzt ist dabei nicht realer als Ihre Erinnerungen. Die Dinge gehören zusammen, selbst wenn es auf den ersten Blick nicht danach aussieht. Gehen Sie neue Wege.

Man wählt seine Themen nicht, sie drängen sich auf, betont Gustave Flaubert. Geben Sie dem nach. Es lohnt sich, so meine Erfahrung.

---

82 Fritz Gesing, Kreativ Schreiben, a. a. O., Seite 41.

111

Kapitel 5: Lebensphasen

Wie können Sie Ihre Themen und den Stoff des Lebens anders zu fassen kriegen als bisher? Sie müssen nicht chronologisch erzählen. Ganz im Gegenteil. Skizzieren Sie ein Mosaik und geben Sie den unordentlichen Tagen nach, die sich aufdrängen, wie es Flaubert nennt. Sehen Sie Ihr Leben nicht wie eine Linie vom Anfang zum Ende, sondern als Puzzle. Manches Mal passieren die Dinge, bleiben an uns kleben. Wie an mir der folgende Auftakt zu einem Satz.

Schreibimpuls (35)
Satzanfang

Vorbereitung: Nehmen Sie den Beginn des Satzes „Eine unordentliche Reihe von Tagen ..." als Impuls. Werfen Sie ihn eine Weile zwischen Vergangenheit und Gegenwart hin und her. Listen Sie Situationen auf, in denen die Dinge nicht so geordnet passiert sind, wie Sie es sich gewünscht hätten. Wählen Sie aus.

Schreiben: Verfassen Sie einen kurzen Text und umkreisen Sie das Unordentliche, die diese Tage mit sich bringen. Wo findet die Handlung statt? Und wer ist daran beteiligt? Wenn Sie danach fragen, wie alles passieren konnte, halten Sie die Zutaten für einen Konflikt in der Hand.

Bearbeiten: Zu welcher Lebensphase gehört Ihr Text? Lesen Sie nach, was in Gesellschaft und Politik damals passiert ist.

Wiederholen: Wählen Sie eine andere Situation von Ihrer Liste und nehmen Sie diese als Ausgangspunkt für einen Text. Wie ändern sich Zeit und Ort?

Quelle: Der Satzanfang ist der erste Vers des Gedichts „Bedrohung" aus dem Band „Der Baum blüht trotzdem"[83] von Hilde Domin.

Mich hat der Anfang des Verses an die Zeit als alleinerziehende Mutter erinnert. Manches Mal konnte ich kaum so schnell reagieren, wie die Dinge passiert sind. Am Schluss aber haben Sie sich zusammengefügt.

Beispiel: Das Nachthemd[84]

„Mama, kann ich dein schwarzes T-Shirt mit der weißen Katze ausleihen?"

Petra sah Tanja erstaunt an. „Eigentlich nehme ich es als ..."

„Danke!" Ihre Tochter riss den Kleiderschrank auf und zog es zwischen den Schlafanzügen hervor. „Schwarz und weiß, das sind die Farben dieses Frühlings!" Sie streifte sich das Shirt über den Pulli. Es hing ihr bis zu den Knien. „Hast du meine Monatskarte gesehen? Hab sie! Tschüs!"

---

83 Hilde Domin, Der Baum blüht trotzdem, Frankfurt a. M., 1999, Seite 76.
84 Jutta Weber-Bock, Das Nachthemd, in: (W)ortreich, a. a. O., Seite 164 f.

Auch sie war vor zwölf Jahren mit der Straßenbahn in die Stadt gefahren. Leise hatte sie die ganze Zeit gesummt. Das half immer. Bald würde es soweit sein. Du musst dir ein Nachthemd kaufen, hatte ihre Mutter gesagt. Sie schüttelte sich. Niemals! Sie trug Schlafanzug, was sonst. Ein Negligé, das wäre zauberhaft, hatte der Kindsvater gemeint. Darum ging es nicht. Sie hatte ihren gewölbten Leib gestreichelt und sich durch die Menschentrauben in der Wäscheabteilung geschoben. Es war Osterzeit. Die Werbeblätter versprachen alles. Preise im Sturzflug. Genauso sahen die Hängerchen aus. Nett. Beige mit Blumenmuster. Nun hör doch einmal auf mich, sagte ihre Mutter. Ich schenk es dir. Auch darum ging es schon lange nicht mehr. In ihrem Bauch begann eine Turnstunde. Sie rettete sich seitwärts zwischen die Longshirts. Eine Idee. Bei ihrer Größe, kein Problem. Eines war schwarz mit einer weißen Katze, die sie frech anschaute. Sie strich ihr über die Nase. In ihr hüpfte es. Blitzschnell fing sie einen Fuß. Das hatte ihr die Hebamme gezeigt. Wütendes Trommeln. Ganz ruhig, hatte sie zum Bauch gesagt, und danke. Sie hatte den Kassenbon neben den Mutterpass in den Rucksack gesteckt. Mit der Straßenbahn war sie, leise vor sich hinsummend, nach Hause zurückgekehrt.

„Mama, in der Stadtbahn hat mich jemand gefragt, woher ich mein T-Shirt habe!"

Salz rieselte ins Spaghettiwasser. Es hörte nicht auf. Petra starrte auf die Körner. Sie konnte sich nicht bewegen. Der Kindsvater.

„Maman! Du hast versprochen, mir immer zuzuhören."

Sie holte Luft und drehte sich um. Tanja stand vor ihr, legte die Hände auf die Katze und machte einen Schmollmund. Das versalzene Wasser kochte über.

Ihre Tochter kramte im Ranzen. „Ich hab eine Karte."

Petra hob den Deckel und warf die Spaghetti in den Topf. Das Kochwasser schäumte auf. Mit nassen, spitzen Fingern griff sie nach der Visitenkarte.

„Marianne Faber, Hebamme", las sie vor und atmete auf. „So ein Zufall! Sie hat dich auf die Welt geholt. Bei deiner Geburt habe ich das schwarze Longshirt als Nachthemd getragen."

Sie stupste die Katze und Tanja am Näschen.

Nehmen Sie solche Tage als roten Faden, der sich durch Ihr Leben zieht. Streuen Sie derartige Episoden in Ihre Autobiografie ein, lockern Sie den Text auf. Meine Geschichte ist erfunden. Die Tochter gibt es und ebenso das T-Shirt mit der Katze, was sie sich ausgeliehen hat.

Sie können auch an Aussprüche denken, denen Sie öfter begegnet sind, wie zum Beispiel: *Du, wenn du Geld brauchst* ... Sofort taucht eine Person aus Ihrem Gedächtnis auf und eine zweite gesellt sich hinzu. Ein Konflikt schwelt im Hintergrund. Wie aber hat in Ihrem Leben alles begonnen?

Schreibimpuls (36)
Die früheste Erinnerung[85]

Vorbereitung: Schließen Sie die Augen. Lassen Sie Ihre Gedanken zurückwandern in die frühe Kindheit. Gibt es Geschichten aus dieser Zeit? Sie können auch Fotos zur Hand nehmen. Wo blitzt ein Erlebnis auf? Stellen Sie es ins Zentrum.

Sammeln: Clustern Sie zum Kernwort. Sammeln Sie alles, was Ihnen einfällt.

Schreiben: Springen Sie konkret in eine Situation hinein und versetzen Sie sich zurück in das Kind, das Sie einmal waren.

Lesen Sie noch einmal die erste Seite aus „Die gerettete Zunge" von Elias Canetti. Er kommt auf der einen Seite dem Zweijährigen ganz nah, distanziert sich aber auf der anderen von der Angst. Es ist ein Wechselspiel, mit dem Sie Ihrem Erzählen eine persönliche Note geben.

Mich hat eine erste Erinnerung ein Leben lang umgetrieben. Sie hat sich im Laufe der Jahre verändert, in ihrem Kern aber ist sie gleich geblieben.

Beispiel: Der Laufstall[86]

Am Anfang war das Nein. Es kletterte das Gitter rauf und runter. Wir umklammerten das Holz der Stäbe, und der Lack wurde rissig unter unseren

---

85 Nach Enno Frandsen, Das ist mein Leben, So schreiben Sie Ihre eigene Biographie und Familiengeschichte, Bonn, 1991, Seite 18 ff.
86 Jutta Weber-Bock, Wir vom Jahrgang 1957 – Kindheit und Jugend, a. a. O., Seite 4 f.

feuchten Fingern. Wir tapsten und fielen, robbten von einem Ende zum anderen. Wenn wir hochgenommen wurden, strampelten wir. Nein! Nein! Nein – NEIN!, schrie es in uns, ein Nein für jede Gitterseite.

„Sie sind selbst schuld, wenn sie überall rumkrabbeln und alles runterreißen. Gestern erst, fast hätte meiner sich verbrüht, so schnell kann man gar nicht gucken, wie sie plötzlich am Herd sind und nach dem Topf angeln."

Ein kalter Luftzug kam aus der Schlafzimmertür, dort standen unsere Gitterbetten. Nach dem Mittagsschlaf riefen wir, aber solange die Zeit nicht um war, holte uns niemand, und wenn, wurden wir nur von einem Käfig in den nächsten gesetzt.

„Sonst lernen sie nie, was Grenzen sind, wir haben keine Zeit, immer hinter ihnen zu stehen. Wir sind wenigstens da, nicht wie andere, die den ganzen Tag auf Arbeit sind. Da ist doch Heimarbeit an der Nähmaschine viel besser."

Wir drückten uns die Gesichter faltig zwischen den Gitterstäben, wollten schnell älter werden und zum Mond fliegen, viel weiter als der Sputnik. Aber vorläufig mussten wir im Sportwagen noch das Sicherheitsgeschirr tragen, und das Nein war in uns.

Sehr deutlich erinnere ich mich an das Nein, das lange mein Lebensmotto war. Ich fühle noch das Holz der Stäbe und sehe den Laufstall vor mir.

Die wörtliche Rede der Mutter hingegen habe ich mir ausdenken müssen. Die Art und Weise, wie sie gesprochen hat, habe ich erst sehr viel später bewusst wahrgenommen.

Das Wort *Heimarbeit* habe ich natürlich nicht gekannt. Doch die mechanische Nähmaschine war präsent von Anfang an. Ich höre bis heute ihr Rattern. Von einem Foto weiß ich, wie der Sportwagen aussah. Ein schnittiges Modell mit glänzenden Radschutzkappen. Ein Gefühl von Freiheit, das mich von Anfang an begleitet hat.

Sputnik und der Mond fanden erst bei der Recherche zum Jahrgangsband ihren Weg in die Geschichte. Mein *Nein* gehörte zu ihnen, ohne dass ich es wusste. Im Rückblick erscheint es logisch. Wahrheit und Dichtung gehören zusammen.

Beide Elemente mischen sich, wie Stefan Zweig es sagt: „Unbewusstheit und Bewusstheit, Inspiration und Technik, Trunkenheit und Nüchternheit."[87]

Fragen Sie sich bei der Überarbeitung Ihres Textes, wie alt Sie in der Zeit waren, über die Sie schreiben. Welche Sprache ist diesem Alter angemessen?

Recherchieren Sie zu dem Jahr, in das Ihre früheste Erinnerung fällt. Wir alle sind Zeitzeugen, jeden Tag aufs Neue. Niemand existiert in luftleeren Räumen.

Rituale strukturieren unsere Tage. Wie war es in Ihrer Kindheit? Bei uns gab es jeden Samstag ein Badezeremoniell und am Sonntag habe ich im Sommer weiße Kniestrümpfe getragen.

---

87 Stefan Zweig, Das Geheimnis des künstlerischen Schaffens, in: Das Geheimnis des künstlerischen Schaffens, Essays, Frankfurt a. M., 1984, Seite 365.

Schreibimpuls (37)
Deutscher Sonntag

Vorbereitung: Hören Sie sich das Lied von Franz Josef Degenhardt, „Deutscher Sonntag"[88] zwei Mal an.

Schreiben: Schreiben Sie einen Text über einen Sonntag in Ihrer Kindheit. Sehen Sie ihn als stellvertretend für viele Sonntage an.

Wiederholen: Gibt es Lieder, die Sie aus der Kindheit kennen? Singen Sie und kehren Sie zurück in die damalige Zeit.

Stellen Sie sich möglichst viele Fragen, wenn Sie sich mit der Handlung Ihres Textes bei der Überarbeitung noch einmal näher beschäftigen:

Gab es eine festgelegte Struktur für den Tag? Machen Sie einen Zeitplan und passen Sie Ihre Geschichte ein.

Wann sind Sie sonntags aufgestanden? Was gab es zu den Mahlzeiten? Mochten Sie Bratensoße? Dick und sämig? Um wie viel Uhr haben die Eltern Sie ins Bett geschickt?

Mussten Sie als Mädchen Kleider tragen und durften sich nicht dreckig machen? Sind Sie als Junge im Anzug herumgelaufen?

Und wer hatte sonntags in der Familie das Sagen? Wurden Ihre Wünsche für diesen Tag berücksichtigt? Gab es Spiele, die Sie gespielt haben?

Sicher fallen Ihnen weitere Fragen ein. Hören Sie nicht damit auf, sie zu stellen.

---

88 Franz Josef Degenhardt, Spiel nicht mit den Schmuddelkindern, MP3-Album, Januar 1965, daraus der Chanson „Deutscher Sonntag".

Beispiel: Sonntagsspaziergänge [89]

Du liegst mal wieder auf den Knien. Eine Hand zieht dich nach oben. Der Vater mit seinem breitkrempigen Hut und der Zigarette im Mundwinkel. Er setzt dich auf seine Schultern und hält dich an den Füßen fest. Deine Schuhe möglichst weit weg vom dunklen Mantel, so geht er bedächtig den Kiesweg am Minigolfplatz entlang und raucht weiter. Der Dampf hüllt dich ein, du bist geborgen darin. „Und nachher einen Schinkenhäger", sagt dein Vater, „Es ist Sonntag!" Ihr umrundet das Kriegerdenkmal und geht zum Ententeich. Er setzt dich ab, du rennst zum Steg und hüpfst. Bong, bomm, bong, boom. Durch die Ritzen glitzert das Wasser. Weit beugst du dich vor. Deine Mutter zieht dich zurück und bindet ihr Perlonkopftuch neu. Sie duftet nach „Tosca" und gibt dir einen Kanten Brot. „Brich kleine Stücke ab und wirf sie ins Wasser!" Du gehst in die Hocke. Wie das Brot im Wasser dick wird! Wie du nach dem Essen. Als das Brot vollgesogen ist, schnäbeln es die Enten weg. Um besser sehen zu können, kniest du dich wieder hin.

Rituale aus der Kindheit prägen sich für ein ganzes Leben ein. Wir wachsen, wie wir es lernen. Unsere Gestalt ist ein Spiegel unserer Biografie.

---

89 Jutta Weber-Bock, Wir vom Jahrgang 1957 – Kindheit und Jugend, a. a. O., Seite 9.

Mit den Bäumen verhält es sich genauso. Ihr Wachstum spiegelt die mechanische Biografie wider. Wie ein Baum passt sich der Mensch an, um zu überleben. [90]

Schreibimpuls (38)
Autobiografie als Baumgestalt

Vorbereitung: Machen Sie einen Spaziergang und schauen Sie sich Bäume an. Achten Sie darauf, wie sie gewachsen sind.

Schreiben: Schreiben Sie einen kurzen Text zu einem Baum, maximal eine Seite.

Wiederholen: Mit welchem Baum fühlen Sie sich verbunden? Schreiben Sie einen Text.

Lesetipp: Hermann Hesse, „Bäume"[91], für ihn sind sie Sinnbilder, die sich mit Erinnerungen verbinden.

Als Baum bin ich eine Birke, habe ich immer gedacht, warum, weiß ich nicht. Mir hat die helle, glänzend schimmernde Rinde gefallen, vor allem aber diese Leichtigkeit, mit der sich das Laub im Frühjahr und Sommer im Wind wiegt. Mit den ersten Birkenkätzchen ist für mich der Winter zu Ende.

Es war im Januar, als die beiden Birken vor unserem Wohnzimmerfenster gefällt wurden. Zwei Tage später kam die Nachricht, dass wir ausziehen müssen.

---

90 Idee nach C. Mattheck, Die Baumgestalt als Autobiographie, Einführung in die Mechanik der Bäume und ihre Körpersprache, Karlsruhe, 1991, Seite 7.

91 Hermann Hesse, Bäume, Frankfurt a. M., 1984, Klappentext.

Fünfundzwanzig Jahre ist es her und hat sich im Rückblick als ein großes Glück erwiesen. Ein Stück von einem Ast erinnert mich bis heute an die Birken. Eines Tages schreibe ich über sie und erzähle von ihrem und meinem Wachstum.

Hintergrund: Wachstum der Bäume

Bäume sind Ur-Bilder des Lebens. Jeder besitzt eine eigene Kraft, Bedeutung und Botschaft. Die Wurzeln bilden ihr Zentrum. Sie versuchen, die Krone darüber im Schwerpunkt zu halten. Nicht immer lässt das Licht es zu. Sie passen sich an. Wachsen waagerecht, um schließlich doch zur Sonne zu kommen. An solchen Wachstumsspuren können Sie erkennen, was ein Baum im Laufe seiner Geschichte erlebt hat.

„Eine Baumgestalt ist wie das menschliche Gesicht, das vom Schicksal beschriebene Dokument einer Biographie. Da sich kaum zwei gleiche Schicksale finden, kann man auch kaum erwarten, völlig identische Baumgestalten zu finden."[92]

Lesetipps: Vertiefen Sie sich in die Aufzeichnungen von Christa Wolf „Ein Tag im Jahr"[93], in denen sie den 27. September in den Jahren von 1960 bis 2000 porträtiert.

Studieren Sie auch von Günter Grass „Mein Jahrhundert"[94], eine etwas andere Chronik des

---

92 C. Mattheck, Die Baumgestalt als Autobiographie, a. a. O., Seite 36.
93 Christa Wolf, Ein Tag im Jahr, (1960-2000), München, 2003.
94 Günter Grass, Mein Jahrhundert, Göttingen, 1999.

20. Jahrhunderts. „Ich, ausgetauscht gegen mich, bin Jahr für Jahr dabei gewesen", beginnt er im Jahr 1900 mit der Stimme eines Erzählers, die er im folgenden ganz verschiedenen Personen leiht.

Ziehen Sie Parallelen zwischen dem Wachstum von Bäumen und Ihrer Biografie. Greifen Sie auf Ihr Tagebuch zurück. Es muss keine vierzig Jahre umfassen wie bei Christa Wolf. Schon in wenigen Notizen versteckt sich ein großes Stück Leben. Erzählen Sie Geschichten und verfremden Sie Ihre Erlebnisse. Seien Sie neugierig, was Ihnen einfällt. Ein Ich spielt gegen sein Ich. Es wird ein Du, Sie, Er oder Wir. Als Ich aber ist es weiter dabei. Sie können sich nicht selbst zurücklassen. Betrachten Sie Ihre Aufzeichnungen wie die Zweige eines Baumes. Welche erzählen von glücklichen Momenten?

Schreibimpuls (39)
Glückspfennig

Vorbereitung: Erinnern Sie sich noch an einen Pfennig? Haben Sie vielleicht einen aufgehoben? Schauen Sie sich ihn genau an. Machen Sie sich Notizen.

Schreiben: Springen Sie hinein in eine Situation, in der Sie sich nach einem Pfennig gebückt haben. Schreiben Sie darüber. Wie wurde er zu Ihrem Glückspfennig? Und wie lange haben Sie ihn mit sich herumgetragen?

Wiederholen: Gibt es einen Zeitraum in Ihrem Leben, den Sie als positiv in Erinnerung haben? Schreiben Sie darüber. Stellen Sie sich vor, Sie hätten einen Wunsch frei.

Lesetipp: Erich Kästner, „Das Märchen vom Glück"[95] erzählt davon, wie ein Mann zwei Wünsche verschwendet und dann merkt, welch Glück es ist, noch einen frei zu haben. Wünsche sind nur so lange gut, wie man sie noch vor sich hat, sagt ein altes Sprichwort.

In der Gegenwart haben wir oft nur die unseligen Zeiten vor Augen. Das kleine Glück darin finden wir erst im Rückblick. Suchen Sie Handlungen, die sich später trotz Unglück als positiv erwiesen haben.
Können Sie in Ihrem Leben ein Muster erkennen? Wie haben Sie es gemacht, Ihr Leben immer wieder in die Hand zu nehmen und zu handeln?

Schreibimpuls (40)
Stichwort: Hand

Schreiben: Lassen Sie sich von dem Stichwort führen und an die Hand nehmen. Notieren Sie zehn Minuten lang alles, was Ihnen einfällt. Schreiben Sie dann einen Text.

Bearbeiten: Bauen Sie den Text zu einer Geschichte aus. Denken Sie an Anfang, Mittelteil und Schluss.

---

95 Erich Kästner, Das Märchen vom Glück, in: Winfried Ulrich (Hrsg.), Deutsche Kurzgeschichten, 5.-6. Schuljahr, Stuttgart, 1973, Seite 33 ff.

Wiederholen: Schauen Sie sich Bilder von Großeltern und Urgroßeltern an. Achten Sie auf die Hände. Machen Sie sich Notizen. Schreiben Sie anschließend einen Text und gestalten Sie ihn zu einer Geschichte. Wann spielt sie? Und welches Lebensgefühl steht im Vordergrund?

Lesetipp: Gabriele Wohmann, „Die Klavierstunde"[96]. Lehrerin und Schüler wehren sich gegen den Unterricht. Doch beide gehorchen Pflicht und Gewohnheit. Ihre inneren Stimmen verdeutlichen den Zwiespalt. Interessant ist, wie die Gesten der Hände dies unterstreichen. Eine Geschichte aus der Mitte der 1960er-Jahre.

Machen Sie sich ein paar Tage lang *von Hand* Notizen, wann Sie in Ihrem Leben anders gehandelt haben, als es von Ihnen erwartet wurde. Wie haben Sie sich dabei gefühlt? Suchen Sie Sprichwörter oder Redewendungen zum Thema *Hand*. Womit können Sie sich identifizieren? Reichen Sie sich die Hand.

Hintergrund: Die Hand als Symbol

Wenn Sie kalte Hände oder Füße haben, kann die Energie in Ihrem Körper nicht mehr fließen. Ein Handlungsimpuls kann sich nicht äußern. Wenn Sie die Hand benutzen, handeln Sie. Sie können aber auch in Konflikt mit anderen gera-

---

96 Gabriele Wohmann, Die Klavierstunde, in: Hans-Christoph Graf von Nayhauss (Hrsg.), Kürzestgeschichten, Stuttgart, 1982, Seite 60 ff.

ten. Vielleicht haben Sie deshalb kalte Hände? Oder bekommen Sie eher kalte Füße? „Die Hand ist ein Symbol für sehr viele Impulse und ihnen entsprechenden Haltungen. Sie ist das Organ, mit dem wir Dinge anpacken und nehmen, mit dem wir zärtlich streicheln, aber auch wütend zuschlagen können."[97]

Gestatten Sie sich, *eigenhändig* und *eigenmächtig* zu handeln. Die Hand ist zum Greifen und Begreifen da. Sie stellt die Verbindung her zwischen Innen- und Außenwelt. Erzählen Sie davon, wie Sie in Ihrem Leben die Hände eingesetzt haben. Erinnern Sie sich vielleicht, wie Sie Holz gehackt haben, als Sie wütend waren? Oder wie Sie als Kind mit der Mutter Weihnachtsplätzchen gebacken haben? Erinnern Sie sich noch an die Küche in Ihrem Elternhaus?

Schreibimpuls (41)
Elternhaus[98]

Vorbereitung: Wo sind Sie aufgewachsen? Wie roch es dort? Was hören Sie bis heute? Wie hat sich das Treppengeländer angefühlt? Und welche Lieblingsgerichte liegen auf Ihrer Zunge? Werten Sie nicht. Notieren Sie alles, was Ihnen einfällt.

Schreiben: Schreiben Sie einen Text über das Haus oder die Wohnung, wo Sie aufgewachsen

---

97 Heribert Fischedick, Der Weg des Helden, München, 1992, Seite 142.
98 Idee nach Enno Frandsen, Das ist mein Leben, a. a. O., Seite 52 ff.

sind. Konzentrieren Sie sich dabei auf die Sinneseindrücke.

Bearbeiten: Erweitern Sie den Text zu einer Geschichte und erfinden Sie Ihr Leben neu.

Wiederholen: Schreiben Sie über Möbel, an die Sie sich gerne erinnern. Welche waren für Sie als Kind tabu? Wie geht es Ihnen heute damit?

Lesetipp: Theodor Fontane, „Meine Kinderjahre"; Fontane litt an Depressionen und sagt rückblickend in seinem Tagebuch: „Ich wählte meine Kinderjahre [...] und darf sagen, dass ich mich an diesem Buch wieder gesund geschrieben habe."[99]

Versuchen Sie, beim Schreiben alle Sinne einzubeziehen. Machen Sie sich Notizen zu anderen Orten, an denen Sie gelebt haben. Gibt es Geschichten, die sich erzählen lassen? Selbst wenn Sie vielleicht nur ein paar Wochen oder bloß eine Nacht dort verbracht haben? Schreiben Sie auf, was Sie umtreibt. Die Dinge wirken länger, als sie dauern. Gehen Sie den Gründen nach.

Hintergrund: Konflikte und ihre Struktur (2)

Das erste Kapitel zu meiner fiktiven Biografie habe ich „Kindheit in der Kleinstadt" genannt. Das klingt harmlos. Doch durch alle Situationen, die mir im Gedächtnis geblieben sind, ziehen sich Streit und Ärger. Warum fragt das Kind in mir. Erzählen Sie davon, wie es dazu ge-

---

99 Theodor Fontane, Meine Kinderjahre, München, 1973, Zitat wikipedia.

kommen sein könnte. Ein solcher Konflikt hält in einer Geschichte die Handlung zusammen. Er ist ein ganz wesentlicher Knochen im Skelett des Textes und gehört zum Plot. Ein Konflikt entwickelt sich in Stufen. Am Anfang steht Verdruss, gefolgt von Gereiztheit, erst mildem und dann starkem Zorn bis hin zu wilder Wut.

Denken Sie an das Ende einer Geschichte. Nach Dürrenmatt beginnt eine Geschichte mit dem Schluss. Die Charaktere haben einen Konflikt gelöst, doch ein neuer scheint durch. Wie geht es weiter? Das kann der Augenblick sein, wo Nebenfiguren die Bühne betreten.

Schreibimpuls (42)
Mikroporträt

Vorbereitung: Listen Sie Personen auf, die Ihnen schon öfter begegnet sind. Sie kennen Ihre Nachbarn oder die Arbeitskollegen. Sie wissen aber nicht viel mehr als den Namen.

Schreiben: Wählen Sie eine Person aus. Beschreiben Sie diese mit wenigen Worten.

Beispiele: Erna schält Äpfel stets in langen Spiralen. Hubert trägt immer einen geflochtenen Zopf bei Arbeiten mit dem Presslufthammer. Tante Ilse teilt Rommé-Karten so schnell aus, wie sie spricht. [100]

---

100 Jutta Weber-Bock, unveröffentlicht.

Legen Sie sich eine Kartei an, die Sie ständig erweitern. Geben Sie diesen Personen kurze Auftritte an der Seite Ihrer Hauptfiguren. Zeigen Sie zum Beispiel, wie sich durch die Spiralen der Äpfel ein Konflikt dreht und wendet, bis er sich von selbst erledigt hat oder Anlass für einen neuen gibt.

Hintergrund: Dreidimensionale Charaktere[101]

- Geben Sie Ihren Personen eine äußere Gestalt: Wie groß sind sie? Wie viel wiegen sie und wie alt mögen sie sein? Sind sie hübsch oder hässlich? Haben sie Narben oder Allergien? Wie ist ihr Gang? Ihre Stimmlage? Statten Sie sie mit Mundgeruch, Schweißausbrüchen, Marotten und Gesten aus.

- Machen Sie sich Gedanken zum sozialen Umfeld Ihrer Person: In welcher sozialen Schicht lebt sie? Wie ist sie aufgewachsen und was hat sie für eine Schulbildung? Wie sind ihre politischen Ansichten? Glaubt sie an einen Gott? Wurden ihre Freiheiten früh eingeschränkt? Haben die Eltern sie streng oder locker erzogen? Hat sie viele Bekannte, aber keine echten Freunde?

- Steigen Sie in das Innenleben Ihrer Figur hinab: Hat sie eine Phobie, zum Beispiel Angst vor Tauben? Oder treibt ein Komplex Ihre Person um und sie leidet unter zu kleinen Füßen? Hat sie Hemmungen oder Schuldgefühle?

---

101 Nach Lajos Egri, Literarisches Schreiben, a. a. O., Seite 190 ff.

Welche Probleme schleppt Ihre Figur mit sich herum? Erzählen Sie dem Leser auch von ihren Sehnsüchten und Fantasien.

Nebenfiguren stehen nur scheinbar am Rand. Sie sind vielmehr Salz und Pfeffer in der Handlung. Manchmal bringen sie den Autor auch auf den Geschmack und er macht sie zu Charakteren in einem neuen Band und spinnt weiter, was zu Ende war und doch nicht ist. Wie aber können Sie den Stoff Ihres Lebens aufteilen?

Schreibimpuls (43)
Energiekuchen[102]

Vorbereitung: a) Zeichnen Sie einen Kreis. Teilen Sie ihn in Tortenstücke auf, die Ihr Leben im Heute widerspiegeln. Es gibt kleine und große Stücke. Geben Sie ihnen Überschriften wie zum Beispiel *Kinder*. b) Malen Sie einen zweiten Kreis. Wiederholen Sie die Einteilung in Kuchenstücke für eine Zeit in der Vergangenheit. Denken Sie zum Beispiel an einen Urlaub und schmecken Sie ihm nach.

Schreiben: Verfassen Sie einen Text und schöpfen Sie aus den beiden Torten. Wechseln Sie zwischen Gegenwart und Vergangenheit hin und her und wieder zurück.

Wiederholen: Wählen Sie einen Zeitpunkt aus der Zukunft, zum Beispiel in zehn Jahren.

---

102 Idee nach Gisela Schalk, Bettina Rolfes, Schreiben befreit, Bonn, 1986, Seite 78 f.

Zeichnen Sie einen dritten Kreis und teilen Sie ihn in Stücke auf. Schreiben Sie einen Text und wechseln Sie dieses Mal zwischen Gegenwart und Zukunft.

Knabbern Sie immer mal wieder an Ihren drei Kuchen und genießen Sie. Durch das Schreiben setzen Sie Ihre Energien frei. Längst verdrängte Abschnitte Ihres Lebens schieben sich wieder ins Blickfeld. Was Sie vergessen glaubten, fordert sein Recht.

Geben Sie den Geschichten eine Struktur. Denken Sie daran: Jeder Geschichte hat einen Anfang, einen Mittelteil und einen Schluss. Das gilt auch für kurze Abschnitte eines Textes wie bei Canetti. Das Muster, Paradigma genannt, bleibt gleich. Meistens folgen wir ihm und stellen es nicht infrage. Studieren Sie noch einmal „Die Klavierstunde" von Gabriele Wohmann.

Vielleicht aber haben Sie sich einen Tisch mit drei Beinen gekauft und sind vom Paradigma abgewichen. Hier verstecken sich Geschichten. Nehmen Sie die Leser mit.

Schreibimpuls (44)
Momentaufnahme

Vorbereitung: „Als ich zum ersten Mal ..."

Schreiben: Springen Sie in eine Situation hinein. Schreiben Sie einen Text und wechseln Sie ab zwischen der Innen- und der Außenperspektive. Blenden Sie sich unvermittelt wieder aus.

Beispiele: Als ich zum ersten Mal ... mittags nicht kochte, ... mich alleine in ein Café setzte ...

Wiederholen: Überarbeiten Sie den Text und ordnen Sie ihn einem Tortenstück zu.

Lesetipp: Marie Luise Kaschnitz, „Popp und Mingel"[103], ein Schlüsselkind erzählt eine Schlüsselgeschichte und schafft sich eine Ersatzfamilie. Er nennt sie Popp und Mingel, weil Vater und Mutter nicht da sind. Eines Tages kann das Kind seine Figuren zum ersten Mal nicht finden. Das Unglück nimmt seinen Lauf.

Holen Sie Ihre Erlebnisse durch das Schreiben bewusst zu sich heran. Erinnern Sie sich und filtern Sie nach und nach das Erzählenswerte aus Ihrem Leben heraus. Wenn eine Figur zum ersten Mal etwas anders macht, weckt das Neugier beim Leser. Gleiches gilt für Gegenstände, die in den Fokus rücken.

Beleuchten Sie den Schatz, den das Inventarium Ihrer Jahre in sich birgt. Verbeugen Sie sich vor den Dingen des Lebens. Bringen Sie ihnen eine Wertschätzung entgegen.

„Gegenstände sind die eigentlich menschliche Heimat des Menschen"[104], sagt Hannah Arendt.

103 Marie Luise Kaschnitz, Popp und Mingel, in: Marie Luise Kaschnitz, Eisbären, Frankfurt a. M., 1972, Seite 57.
104 Nach Tina Stroheker, Inventarium, Späte Huldigungen, Tübingen, 2018, Umschlag Rückseite.

Zusammenfassung

In diesem letzten Kapitel haben Sie gelernt, Ihr Leben als Puzzle zu sehen. Setzen Sie die einzelnen Teile anders als bisher zusammen. Haben Sie Mut zur Lücke. Durch das Schreiben sind Sie sich selbst näher gekommen. Dabei haben Sie gleichzeitig ein Bild Ihrer Generation entworfen. Machen Sie sich Ihre Lebensphasen bewusst. Gestatten Sie sich aber auch, diese nach Lust und Laune zu verändern und Ihr Leben neu zu schreiben. Sie werden feststellen, dass Sie trotzdem bei sich bleiben.

Marlen Haushofer hat gesagt: „Alle meine Personen sind Teile von mir, sozusagen abgespaltene Persönlichkeiten, die ich recht gut kenne. Ich bin der Ansicht, daß im weitesten Sinne alles, was ein Schriftsteller schreibt, autobiographisch ist."[105]

Spielen Sie mit dem Stoff, den Ihr Leben bietet. Geben Sie den Charakteren in Ihren Geschichten ganz bewusst einen Teil von sich mit, wie Marlen Haushofer es beschreibt. Vergessen Sie aber nicht eine Prise Fremdgewürz. Denn auf den Pfeffer kommt es an.

---

105 Iris Dennele, Marlen Haushofer, in: Kritisches Lexikon der deutschsprachigen Gegenwartsliteratur, Edition Text + Kritik, 26. Nlg., Seite 2.

Ausblick

Lebensgeschichten schreiben? – Vom Ende zum Anfang! Erst am Schluss wissen wir, wie alles begann. Sie folgen damit der inneren Logik von Geschichten und vielleicht auch ein Stück weit des Lebens.

Dieser Band hat Ihnen Grundlagen im Schreiben vermittelt. Matiére, wie es Paul Nizon nennt. Eine Basis, auf der Sie stehen können.

Verlangen Sie sich aber nicht alles auf einmal ab. Sammeln Sie zunächst Material und bearbeiten Sie es erst in einem zweiten Schritt. Fühlen Sie sich ein, in sich selbst und andere. Gestalten Sie als nächstes Ihre Geschichten und statten Sie diese mit den drei Muskeltieren aus. Personen, Schauplatz und Konflikt bilden eine Einheit.

Säge, Hobel und Feile helfen Ihnen beim Überarbeiten. Folgen Sie Ihren Sinnen, die mehr wissen als Ihr Kopf. Und lassen Sie sich von meinen Lesetipps verführen. Schreiben ist untrennbar mit dem Lesen verknüpft.

Das verdeutlicht Uwe Timm in seinem Buch „Alle meine Geister"[106] durch die Lektüre, die er dem Icherzähler in die Hand gibt und ihn an die Hand nimmt. Lesen führt zum Schreiben und umgekehrt. Seien Sie gespannt auf neue Lesetüren und Schlüsselgeschichten wie „Popp und Mingel"[107] von Marie Luise Kaschnitz. Wie Uwe Timm zeigt auch sie eine Generation vor dem zeitgeschichtlichen Hintergrund.

---

106 Uwe Timm, Alle meine Geister, a. a. O.
107 Marie Luise Kaschnitz, Eisbären, a. a. O.

Ich lade Sie ein zu meinem dritten Band in der Serie „Autobiografisches Schreiben" im Rahmen der Reihe *Schreibratgeber Libelle*. Seien Sie gespannt, was der Titel „Schlüsselgeschichten schreiben? – Wahrheit und Dichtung!" für Sie bereithält. Lassen Sie sich locken und verlocken. Denn: Erfindung macht das Schreiben leichter.

Auf ein neues, kreatives Wiedersehen!

Literaturhinweise

Zitierte Literatur im Überblick

Rolf Brüggemann (Hrsg.), Das Schnüffelbuch,
Stuttgart, 1995

Italo Calvino, Unter der Jaguar-Sonne,
München Wien, 1987

Elias Canetti, Der Beruf des Dichters, München, 1976

Elias Canetti, Die gerettete Zunge, Frankfurt a. M., 1997

Hilde Domin, Der Baum blüht trotzdem,
Frankfurt a. M., 1999

Annie Ernaux, Eine Frau, Frankfurt a. M., 2020

Clarissa Pinkola Estés, Die Wolfsfrau, München, 1993

Heribert Fischedick, Der Weg des Helden,
München, 1992

Anne Frank, Tagebuch, Frankfurt a. M., 1999

Daniel Goleman, Emotionale Intelligenz, München, 1997

Günter Grass, Mein Jahrhundert, Göttingen, 1999

Hermann Hesse, Bäume, Frankfurt a. M., 1984

John Kotre, Weiße Handschuhe, Wie das Gedächtnis
Lebensgeschichten schreibt, München Wien, 1996

C. Mattheck, Die Baumgestalt als Autobiographie, Einführung in die Mechanik der Bäume und ihre Körpersprache, Karlsruhe, 1991

Vladimir Nabokov, Erinnerung, sprich, Reinbek bei Hamburg, 1991

Paul Nizon, Am Schreiben gehen, Frankfurter Vorlesungen, Frankfurt a. M., 1985

Wolfgang Paulsen, Das Ich im Spiegel der Sprache, Tübingen, 1991

Georges Perec, Versuch, einen Platz in Paris zu erfassen, Zürich, 2023

Jean-Paul Sartre, Die Wörter, Reinbek bei Hamburg, 1965

Nathalie Sarraute, Kindheit, Frankfurt a. M., 2017

Patrick Süskind, Die Geschichte von Herrn Sommer, Zürich, 1994

John Steinbeck, Von Mäusen und Menschen, München, 1987

Tina Stroheker, Inventarium, Späte Huldigungen, Tübingen, 2018

Uwe Timm, Alle meine Geister, Köln, 2023

Sergej Tretjakov, Die Arbeit des Schriftstellers, Reinbek bei Hamburg, 1972

Martin Walser, Vormittag eines Schriftstellers, Frankfurt a. M., 1994

Christa Wolf, Ein Tag im Jahr, (1960-2000), München, 2003

Eva-Christina Zeller, Unterm Teppich, Roman in 61 Bildern, Tübingen, 2022

Schreibratgeber

Christina Baldwin, Das kreative Tagebuch, Bern München Wien, 1992

Lajos Egri, Literarisches Schreiben, Berlin, 2002

Syd Field, Peter Märtesheimer, Wolfgang Längsfeld u. a., Drehbuchschreiben für Fernsehen und Film, Ein Handbuch für Ausbildung und Praxis, München, 1987

Enno Frandsen, Das ist mein Leben, So schreiben Sie Ihre eigene Biographie und Familiengeschichte, Bonn, 1991

James N. Frey, Wie man einen verdammt guten Roman schreibt, Köln, 1993

Elizabeth George, Wort für Wort oder die Kunst ein gutes Buch zu schreiben, München, 2004

Fritz Gesing, Kreativ schreiben, Handwerk und Techniken des Erzählens, Köln, 1994

Nathalie Goldberg, Der Weg des Schreibens, München, 1991 (neu erschienen unter dem Titel Schreiben in Cafés mit teilweise verändertem Text, Berlin, 2003)

Patricia Highsmith, Suspense oder Wie man einen Thriller schreibt, Zürich, 1990

David Lodge, Die Kunst des Erzählens, Zürich, 1993

Bettina Mosler und Gerd Herholz, Die Musenkussmischmaschine, Essen, 1991

Gabriele L. Rico, Garantiert schreiben lernen, Reinbek bei Hamburg, 1994

Gisela Schalk, Bettina Rolfes, Schreiben befreit, Bonn, 1986

Otto Schumann (Hrsg.), Grundlagen und Techniken der Schreibkunst, Handbuch für Schriftsteller, Redakteure und angehende Autoren, Bindlach, 2004

Karl Schuster, Das personal kreative Schreiben im Deutschunterricht, Hohengehren, 1997

Dank

Ich danke den zahlreichen Teilnehmerinnen und Teilnehmer meiner Schreibkurse für ihre engagierte Mitarbeit und die vielen wertvollen Anregungen. In über dreißig Jahren ist daraus ein Erfahrungsschatz geworden, den ich nicht missen möchte und den ich sehr zu schätzen weiß.

Auch dieses Buch widme ich wieder den Teilnehmerinnen und Teilnehmern meines aktuellen Schreibkurses „Schreiben im Alltag? – Zeit finden!" am Hospitalhof Stuttgart.

Schreiben im Alltag? – Zeit finden!

Autobiografisches
Schreiben

Band 1

33
SCHREIB
IMPULSE

Jutta Weber-Bock

Jutta Weber-Bock
Schreiben im Alltag? – Zeit finden!
106 Seiten, ISBN 978-3-7597-5113-3
TB 9,50 €, eBook 6,99 €

Sie wollten schon immer schreiben, finden aber keine Zeit?
So vieles ist im Alltag wichtiger als das Schreiben?
Das muss nicht sein, denn Schreiben schenkt Ihnen kostbare Zeit.
Drehen Sie Ihre tägliche Aufgabenliste um,
verschieben Sie die Prioritäten, fangen Sie an.

Die 33 Schreibimpulse und Schreibtechniken in diesem Buch
helfen Ihnen dabei.

Denn: Aller Anfang ist leicht.